couverture inférieure manquante

DEBUT D'UNE SERIE DE DOCUMENTS EN COULEUR

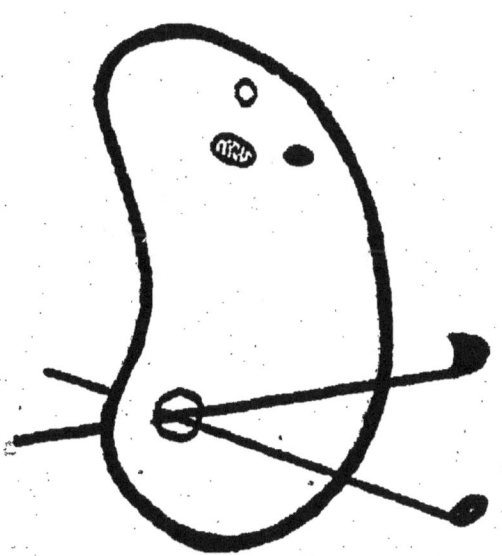

Louis STOUFF

LA DESCRIPTION
DE PLUSIEURS
FORTERESSES ET SEIGNEURIES
DE CHARLES LE TÉMÉRAIRE
EN ALSACE ET DANS LA HAUTE VALLÉE DU RHIN

PAR

Maître MONGIN CONTAULT
Maître des Comptes à Dijon (1473)

Bergheim, Brisach, Ensisheim, Hauenstein et la Forêt Noire,
Landser, Laufenbourg, Ortemberg,
Rheinfelden, Seckingen, Thann, Waldshut, etc.

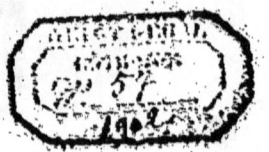

PARIS
LIBRAIRIE
DU RECUEIL GÉNÉRAL DES LOIS ET ARRÊTS ET DU JOURNAL DU PALAIS
L. LAROSE, ÉDITEUR
22, Rue Soufflot, 22
—
1902

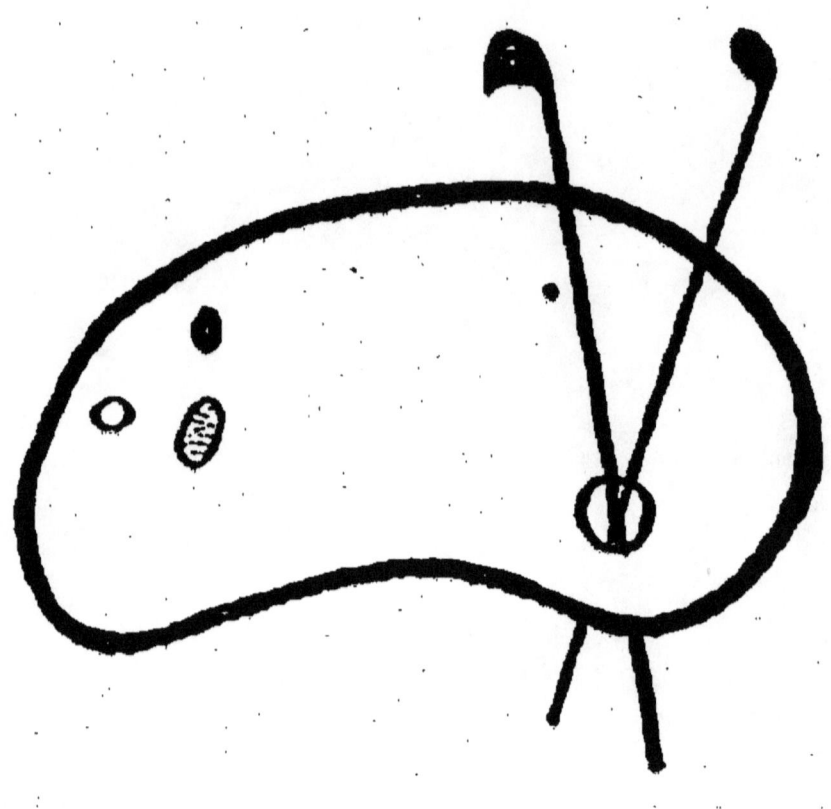

FIN D'UNE SERIE DE DOCUMENTS
EN COULEUR

4823

Louis STOUFF

LA DESCRIPTION
DE PLUSIEURS
FORTERESSES ET SEIGNEURIES
DE CHARLES LE TÉMÉRAIRE
EN ALSACE ET DANS LA HAUTE VALLÉE DU RHIN

PAR

Maître MONGIN CONTAULT

Maître des Comptes à Dijon (1473)

Bergheim, Brisach, Ensisheim, Hauenstein et la Forêt Noire,
Landser, Laufenbourg, Ortemberg,
Rheinfelden, Seckingen, Thann, Waldshut, etc.

PARIS
LIBRAIRIE
DU RECUEIL GÉNÉRAL DES LOIS ET ARRÊTS ET DU JOURNAL DU PALAIS
L. LAROSE, ÉDITEUR
22, Rue Soufflot, 22

1902

Louis STOUFF

LA DESCRIPTION
DE
PLUSIEURS FORTERESSES & SEIGNEURIES
DE CHARLES LE TÉMÉRAIRE
EN ALSACE ET DANS LA HAUTE VALLÉE DU RHIN
PAR
Maître MONGIN CONTAULT
Maître des Comptes à Dijon (1473)

Bergheim, Brisach, Ensisheim, Hauenstein et la Forêt Noire,
Landser, Laufenbourg, Ortemberg,
Rheinfelden, Seckingen, Thann, Waldshut, etc.

INTRODUCTION

Le document que l'on trouvera plus loin contient les résultats de l'une des enquêtes ordonnées par Charles le Téméraire touchant l'état de « ses pays de Ferrette et d'Alsace ». Sous cette appellation assez impropre, les gens du duc de Bourgogne comprenaient l'ensemble des domaines de leur maître en Alsace et dans la vallée du Rhin, depuis la frontière méridionale de l'évêché de Strasbourg jusqu'au confluent de l'Aar. La partie principale du rapport de Contault consiste dans la description des villes, châteaux et seigneuries de Thann, Landser, Ortemberg, Ensisheim, Bergheim en Alsace, des villes forestières, Rheinfelden, Seckingen, Laufenbourg, Waldshut, et du château de Hauenstein, chef-lieu du comté de la Forêt Noire. Le traité de

Saint-Omer, par lequel les Habsbourg avaient remis en gage à Charles toutes ces possessions et d'autres plus nombreuses dans la même région, n'avait pas encore quatre années d'existence [1].

La pauvreté de l'Autriche, l'impossibilité où elle se trouvait de tirer un revenu régulier de terres continuellement ravagées par les Suisses, avaient déterminé la conclusion du traité. Mais c'était dans le plus fâcheux état que ces pays, autrefois si riches et si beaux, parvenaient à la Bourgogne. La guerre des Armagnacs ou Ecorcheurs, les guerres seigneuriales et municipales contre lesquelles les Habsbourg se montraient également impuissants, avaient laissé les traces les plus funestes dans les villes et dans les campagnes. Des métairies étaient ruinées, des terres depuis longtemps en friche ne produisaient plus que des buissons et des épines. Si les malheurs publics avaient été cruels et de longue durée, en retour les habitants cherchaient à s'en servir pour échapper à leurs obligations. L'inaction forcée des receveurs autrichiens pendant des années était interprétée par les sujets comme créant à leur profit une sorte de prescription qu'ils opposaient maintenant aux receveurs bourguignons.

Dans les châteaux fatigués par quarante ou cinquante ans d'hostilités, négligés par les ducs d'Autriche hors d'état de subvenir à leur coûteux entretien, tout offrait le spectacle de la désolation : murailles fendues, prêtes « à s'en aller par terre », ou déjà renversées ; donjons endommagés ou tombant de vieillesse ; toitures percées et pourries,

[1]. 9 mai 1469.

laissant pénétrer la pluie dans les bâtiments. Les chevrons disjoints, rattachés avec des cordes, menaçaient d'écraser celui qui se hasarderait sur les tours. Ailleurs, les ouvertures étaient béantes. Les gens de l'Autriche avaient emporté les portes et les fenêtres. Les revenus du pays semblaient insuffisants pour assurer la restauration et la garde des châteaux, et la Bourgogne était appelée à faire de nouveaux sacrifices afin de défendre une acquisition qui venait de lui coûter 50,000 florins d'or.

Nulle part, en effet, de solides forteresses n'étaient aussi nécessaires que dans ces contrées réunies à la Bourgogne par un lien tout artificiel. Si l'on met à part Belfort et quelques seigneuries avoisinantes, c'était en une terre allemande que le duc welche tentait de s'implanter. Les habitants parlaient un dialecte germanique. Ils continuaient à être gouvernés par des officiers de leur pays, nommés par les ducs d'Autriche avant le traité de Saint-Omer. Pour divers motifs et principalement en raison de la difficulté de les remplacer par des Bourguignons, Charles s'était vu obligé de conserver ces fonctionnaires et d'en décorer plusieurs du titre lucratif de conseiller du duc de Bourgogne[1]. Le grand bailli lui-même, Pierre de Hagenbach, était Alsacien. Mais les officiers subalternes, châtelains, capitaines, receveurs, étaient bien éloignés de montrer à leur nouveau maître ce zèle et ce dévouement que Hagenbach allait payer

---

[1]. V. la liste des conseillers du duc de Bourgogne en Alsace, indiquant les appointements de chacun d'eux, aux archives de la Côte-d'Or, B, 1059. Touchant le payement des gaiges des conseillers de monseigneur le duc en Ferrates et Anxay. Le mémoire fut arrêté par le duc à Lille, le xe jour d'avril 1469 avant Pâques (1470). Minute. Deux feuillets papier.

de sa tête. Le grand bailli ne pouvait indiquer que trois conseillers dont la fidélité fût certaine.

Les différences de race, de langue, de mœurs, n'étaient pas le seul obstacle à l'établissement de la domination bourguignonne. A l'extérieur, les Suisses, travaillés par Louis XI, n'attendaient qu'une occasion pour recommencer leurs courses. A l'intérieur, le duc de Bourgogne se heurtait contre la féodalité la plus indocile. Des nobles, créanciers des Habsbourg, retenaient, à titre de gage, un grand nombre de places. Anciennes pour la plupart, ces gageries, dispersées au milieu des domaines dont la jouissance immédiate appartenait à Charles, étaient autant d'enclaves ouvertes aux influences hostiles à la Bourgogne. Les Suisses et le roi de France y intriguaient, méditant le rachat des meilleures forteresses. Les possesseurs des gageries étaient des hommes redoutables. Non seulement ils s'y conduisaient en maîtres, « prenant tout ce qu'ils trouvaient à leur avantage », et compromettant, par l'abus de leurs droits, l'avenir de leurs seigneuries; mais beaucoup d'engagistes, ceux par exemple que Hagenbach venait de chasser d'Ortemberg, étaient de véritables brigands. Ils allaient par le pays avec « d'autres gens de guerre », dévalisant les voyageurs et pillant les paysans[1]. Tous regrettaient la molle facilité du gouvernement autrichien et ne pouvaient se faire à la dureté du Téméraire et à la sévérité du grand bailli. Encadrés par cette féodalité, les bourgeois alsaciens, « fortes gens » de leur nature, résistaient

---

[1]. Sur les brigandages des seigneurs engagistes, v. entre autres textes, Annexes, I.

plus ou moins ouvertement. On comprend que le duc de Bourgogne n'ait pu se maintenir plus de cinq ans dans une position attaquée aussi vivement et de toutes parts. Au Téméraire lui-même, l'acquisition rêvée par Philippe le Hardi et par ses successeurs, réalisée peut-être dans un moment de caprice ambitieux, devait paraître hasardée, fragile et grosse de périls de toute sorte. Il devenait nécessaire de se renseigner après coup, un peu tard sans doute, sur cette Alsace presque inconnue de Charles et de ses Bourguignons[1].

Maître Mongin Contault, vieilli dans les emplois des finances, honoré successivement de la confiance de Philippe le Bon et de Charles le Téméraire, était parvenu à la noblesse et au rang de maître à la chambre des comptes de Dijon, lorsqu'il fut désigné pour se rendre en Alsace, à la première réquisition de Hagenbach[2].

---

1. 1° 1469. Mission de Jean Carondelet, juge de Besançon et de Jean Poinçot, procureur général du baillage d'Amont pour prendre possession des terres de Ferrette et d'Alsace. 2° Même année. Mission de Besançon Philibert pour la rédaction du cartulaire des seigneuries gageries. Pour ces deux missions v. le cartulaire (Archives de la Côte-d'Or, B, 1048). 3° Même année. Enquête de Pierre de Hagenbach, de Pierre de Morimont et de Besançon Philibert sur la situation de Thann, Bergheim, Mulhouse, etc. (Citée dans *Annales de l'Est*, 1892, p. 582, note, comme faisant partie de la liasse B, 1049); 4° 1470-1472. Mission de Besançon Philibert, chargé de recueillir les promesses écrites des engagistes de livrer leurs gageries à Charles le Téméraire, moyennant leur remboursement (B, 1049); 5° 1471. Enquête de Jean Poinçot et de Jean Pillet sur l'état des pays de Ferrette et d'Alsace, et de la Forêt Noire, sur les réparations à faire à diverses places et sur les gages des capitaines (Ibid.). 6° 1473. Enquête de Mongin Contault (B, 1051). Il emporta en Alsace le rapport de Poinçot et Pillet et le rendit à la chambre des comptes le 3 février 1473.

2. Seigneur de Mimeure-les-Arnay-le-Duc. Clerc du conseil (1453). Secrétaire du duc de Bourgogne (1456). Clerc ordinaire et auditeur (1459). Anobli (1460). Greffier de la cour du conseil. Maître aux honneurs (1467). Maître ordinaire des comptes (1470). Président de la chambre des comptes (1481). Mort en 1488 (*Mémoires d'Olivier de la Marche*, édition Beaune et d'Arbau-

Les ordres du duc, datés de Gand et de Valenciennes, les 12 et 15 mai 1472, étaient adressés par lettres closes à Jean Jouard, président des parlements de Bourgogne, et aux gens des comptes de Dijon[1]. Contault recevait une mission militaire, politique et financière. Il avait ordre de pourvoir aux réparations qui restaient à faire aux châteaux. On lui demandait de rechercher, aussi discrètement que possible, pour ne point donner l'éveil aux concurrents, les gageries dont le rachat serait nécessaire. Enfin il était chargé de s'enquérir des revenus du duc, de s'informer des gages des capitaines et des châtelains, d'entendre les comptes des receveurs. Sur le reliquat il payerait immédiatement les réparations déjà faites et liquiderait l'arriéré des gages. Si le reliquat ne suffisait pas à donner satisfaction aux officiers, il devait avertir la chambre des comptes de Dijon, qui aviserait aussitôt à verser le complément au moyen des deniers du duc recouvrés en Bourgogne. Charles tenait à ce que ses officiers d'Alsace fussent contents de lui. Il craignait peut-être la parcimonie de Hagenbach à leur égard. Leur concours lui était indispensable pour surveiller les gageries, préparer le rachat, et ce n'était rien pour lui d'avoir des forteresses en bon état s'il ne se ménageait les services d'hommes fidèles et capables de supporter la lourde responsabilité et les grosses dépenses qui

---

mont. Paris, 1884. II, p. 359, note. D'Arbaumont, *Armorial de la chambre des comptes de Dijon*, d'après le ms. inédit du Père Gautier, Dijon, 1881, p. 21, 130, 320).

1. Ces lettres, ainsi que l'ordonnance de racheter à Hans Erhard de Reinach la pêcherie de Tha... qu'il tenait en gage (1472, 12 mai), les trois pièces portant la signature de Charles sont en original aux archives de la Côte-d'Or, B. 1051. Papier. Débris de cachets en cire rouge.

pesaient alors sur les châtelains. Tous les articles de la commission de Contault étaient dictés par cette pensée unique : préparer l'annexion rapide et complète des pays d'Alsace et de Ferrette. Charles avait à cœur cette mission ; il enjoignait au président Jouard de lui transmettre immédiatement le rapport de Contault en l'accompagnant de l'avis de la chambre des comptes.

Vers le mois de décembre de la même année, Hagenbach, revenant des armées du duc de Bourgogne, traversait Dijon pour rentrer en Alsace. Il pria le président de lui envoyer maître Contault. Les gens des comptes faisaient leurs tournées à cheval. Contault, malade par accident d'une plaie à la jambe et gardant le lit, demanda quelque répit. La chambre prit jour avec le grand bailli. Hagenbach se trouverait à Thann le 3 janvier 1473, pour recevoir l'envoyé du duc. Ni Charles, ni Hagenbach n'aimaient attendre. Les officiers le savaient. Le 17 décembre, Jouard délivrait la commission. Le lendemain de Noël, maître Contault, encore tout souffrant, se mettait en route. Il montait une mule qu'il prisait à haut prix, car il en avait refusé cent écus d'or ; et le président lui avait donné pour compagnons Laurent Blanchart, auditeur des comptes, et Nicolas de Courbeton, cavalier de l'écurie ducale, chargé de le « gouverner » par les chemins [1]. A l'époque fixée, Contault arrivait au rendez-vous, se présentait à Hagenbach et commençait son information.

Le commissaire welche avait au moins deux mérites, ceux de sa race et de ses fonctions. Il

1. Annexes, III, p. Sur Laurent Blanchart, v. d'Arbaumont, *Armorial de la Chambre des Comptes*, p. 131 et 319.

décrivait bien. Son tableau des pays d'Alsace est sobre, plein de vie, de clarté, de traits heureux et d'expressions pittoresques. Il était aussi extrêmement curieux. Intéressé, frappé par la nouveauté de ce qu'il voit et de ce qu'il entend, il aime à franchir les termes étroits de sa mission. Lorsqu'il informe sur les profits de la justice de Thann, le receveur Guillaume Brediaire lui raconte avec complaisance les supplices en usage dans le pays de Ferrette et en honneur dans la justice des bourgeois : blasphémateurs exposés, une pierre d'une livre accrochée à la langue ; parjures auxquels on tranche deux doigts de la main droite ; voleurs privés d'une ou de deux oreilles pour les simples larcins ; les hommes pendus et étranglés au gibet, les femmes noyées dans un sac si la valeur de l'objet dérobé dépasse vingt sous ; criminels étendus tout vifs sur la roue, bras et jambes rompus chacun en deux lieux et le dos brisé par le milieu ; traîtres fendus vivants en quatre morceaux, la tête restant au côté droit ; sorciers brûlés ; faux monnayeurs mourant dans une chaudière d'huile bouillante. Contault se garde d'arrêter cette terrible digression ; nous lui en sommes reconnaissants.

Malheureusement, en vrai Welche qu'il est, maître Contault ne sait pas la « langue d'Allemagne[1] ». Il ne connaît que le « bourguignon ». Si le témoin qu'il doit entendre ignore le français, un interprète est présent à l'information. Mais il y a des mots que l'on ne traduit pas. Dans les premières pages du rapport surtout, les noms de

---

1. Purus Gallicus nesciens loqui alemannum, disait-on d'un autre Bourguignon, l'évêque Humbert de Neuchâtel mort en 1513.

personnes et de lieux sont défigurés à plaisir, quelques-uns au point de devenir méconnaissables.

On regrettera encore chez l'envoyé du Téméraire un peu de timidité, effet de la naissance, de l'âge et de la maladie. Les places que Contault a charge de visiter sont en haut des montagnes, as⸺ éloignées les unes des autres. On est en plein hiver. Le pays est troublé. Contault se trouve presque isolé au milieu de nobles tels que Pierre de Hagenbach et son frère Etienne, Hans Mayer, le châtelain d'Ortemberg, Pierre Reich de Reichenstein, capitaine des villes forestières et de Hauenstein, Marquard de Schœnenberg, receveur de Rheinfelden. Ce sont des gens fiers, susceptibles, de manières rudes et de caractère difficile. Pour une pareille mission, un gentilhomme eût mieux convenu qu'un anobli. Un chevalier vigoureux aurait été préférable à un homme de robe quelque peu impotent.

Dès son arrivée, Contault se laisse envelopper par les Hagenbach. Il est vrai que, sans eux, il serait bien empêché. Dans les enquêtes, il écoute, ne disant mot, une seule fois exceptée, les déclarations de ces châtelains et de ces receveurs, qui se tiennent tous ensemble. Interrogé sur les gages de ses collègues, chacun d'eux se récrie. L'officier dont on lui parle est de grand mérite; « c'est une bonne personne et de bonne conduite et conversation ». On ne le saurait remplacer. Certainement le déposant ne voudrait point remplir la tâche de son confrère, « à y prendre si grande diligence », pour le salaire dont celui-ci se contente. Examinés au sujet de leurs propres gages, ils font les dédaigneux, exprimant le désir d'être déchargés de la garde de leur coffre ou de leur château. Ils savent que personne dans le pays n'oserait leur succéder et qu'à des officiers amenés de Bourgogne le fardeau serait intolérable. Maître Contault s'inquiète devant cette coalition, que peut-être il se reproche d'avoir provoquée. Il voit les officiers désertant leurs charges, son maître irrité de l'excès de zèle qui le prive de serviteurs précieux. Il se hâte de les ramener par de bonnes paroles et des moyens meilleurs encore.

Par une suite regrettable de l'état physique et moral de Contault, le rapport sur la seigneurie d'Ortemberg et sur les rives du Rhin n'a été rédigé que d'après des dépositions. Contault se garde d'aller à Ortemberg. Le château est de trop « grand peine à monter » et d'un accès trop périlleux. Les pillards dont il était le repaire n'ont pas renoncé à le reprendre. Ils l'épient de leurs maisons fortes situées autour, et il y faut faire « grande garde » contre ces « querelleurs ». La place d'un maître des comptes n'est pas au milieu des batailles. Mongin Contault s'installe au chef-lieu du bailliage. C'est à Ensisheim qu'il reçoit les déclarations du châtelain d'Ortemberg et des maires de la seigneurie[1].

Au moment où il termine son enquête et se dispose à partir pour les villes forestières, Hagenbach, qui semble maintenant pressé de le voir sur la route de Bourgogne, lui fait une autre peur. Le comte de « Arbrestein », lui dit-il, est à

---

[1]. 15 janvier 1473 (n. st.).

Bâle. Il « tient parti français ». C'est un ennemi acharné du duc de Bourgogne et un détrousseur de grand chemin. Il ne cherche que l'occasion de faire un riche butin. Les chevaliers de l'entourage de Hagenbach, les gens du pays appuient les dires de leur maître, et le Bourguignon ne reçoit, de tous côtés, que des conseils de prudence. Ce comte pourrait bien être imaginaire. Mais le sage commissaire ne tentera pas l'aventure. Effrayé par les « dangers des chemins », rêvant d'horribles embuscades où il laisse ses bagages, sa monture et peut-être la vie, il reste à Ensisheim. Il s'excuse sur les recommandations que l'on vient de lui faire, proteste qu'il aurait volontiers entrepris le voyage pour le bien de son seigneur, si cela lui eût été possible. Mais vraiment ce pays frontière n'est pas sûr, et « il n'ose » y aller.

Pierre Reich et le receveur de Rheinfelden, appelés alors devant lui, font leurs dépositions sur les seigneuries du Rhin[1]. Quant au receveur de Hauenstein, Contault abandonne le projet de le faire venir, parce que le grand bailli lui remontre qu'il faudrait l'attendre trop longtemps. En voyageant à pied ou à cheval, il ne pourrait partir de sa maison avant un mois ou six semaines, car il y a de la neige dans les montagnes « bien demie lance de haut ». Voilà maître Contault réduit au peu que la déposition de Reich lui a fait connaître du comté de la Forêt Noire[2]. Une autre difficulté se présente. Comment contrôler les témoignages de ces gens qui viennent de si loin? On

---

1. 18 janvier 1473 (n. st.).
2. Nous avons essayé de combler cette lacune. V. Annexes, II.

indique à Contault l'un des mercenaires d'Ensisheim, qui parle et qui écrit les deux langages d'Allemagne et de Bourgogne. C'est Richard de Constantinople. Le soldat partira donc à la place du maître des comptes, fera son enquête et vérifiera les réparations exécutées par Reich au château de Laufenbourg. Cet étrange substitut revient quelques jours après, affirme qu'il a été à Laufenbourg. Mais il n'a pu y trouver ni maçon, ni charpentier, ni couvreur pour visiter les réparations. Au demeurant, le rapport du mercenaire confirme de tout point celui du capitaine des villes forestières.

Ce n'est pas ici le lieu d'analyser le rapport de Contault. Les longues énumérations des droits domaniaux et des droits régaliens, les évaluations à prix d'argent des denrées et de la main-d'œuvre, les calculs de réduction des monnaies multiples qui se faisaient concurrence dans la vallée du Rhin, florins d'or, monnaies de Strasbourg et de Bâle, monnaies estevenant et tournois, sans parler des rappes et des embrescignes, tout cela aura peut-être quelque intérêt pour l'histoire économique et juridique[1]. L'histoire politique retiendra les noms des places dont les conseillers, Etienne de Hagenbach, Bernard de Bollwiller et Hermann Waldner, interrogés en secret par Contault, pro-

[1]. Il faut noter également le rachat des peines corporelles à prix d'argent (15), le caractère personnel des tailles dans la ville de Thann (27), l'otage, contrat de garantie personnelle par lequel le débiteur s'obligeait, en cas de non paiement, à résider en un lieu que le créancier déterminait ou à entretenir de son argent dans une auberge un nombre de personnes déterminé par la convention (29), la conversion volontaire d'un alleu en fief (32), la condition des juifs (63).

posaient le rachat. C'étaient Bergheim, clef de la Basse-Alsace; Brisach, tête de pont sur le Rhin, qui livrait aux armées de Charles l'entrée de la Souabe; Ensisheim, le centre du gouvernement bourguignon, dont l'engagiste Bernard de Ramstein et les bourgeois, « gens de petite obéissance », faisaient un foyer de révolte, et, après ces places, Ferrette, Altkirch, Belfort, Rosemont, Delle.

Ce qu'il y a de plus intéressant dans le rapport de Contault, ce sont les souvenirs historiques et les descriptions. D'un mot, Contault rappelle et la guerre des Écorcheurs, et l'expédition du dauphin Louis, les guerres des Suisses avec l'Autriche, les querelles à main armée des seigneurs et des bourgeois, la conquête d'Ortemberg, l'origine des priviléges de la ville impériale de Rheinfelden, les gageries conclues par l'empereur et par les Habsbourg. Une page du rapport tiendrait sa place dans quelque bonne chronique. Il y avait autrefois, au milieu du Rhin, à un jet de pierre de Rheinfelden, sur un roc puissant, un château merveilleusement fort. Il s'appelait Stein ou la Pierre et il appartenait au duc d'Autriche. A l'abri derrière ses épaisses murailles, les gens du duc nuisaient impunément aux bourgeois de Rheinfelden. La ville était exposée au feu de leur artillerie. Sans leur permission, nul ne pouvait franchir le pont du Rhin. Pour réduire cette importune forteresse, il fallut les efforts combinés des Suisses et des bourgeois de Bâle et de Rheinfelden, un siége de six semaines, une artillerie formidable, et seule sa « totale démolition » rassura les confédérés victorieux [1].

---

1. Le siége du château de Rheinfelden est un épisode de la guerre des Armagnacs. Commencé le 17 août 1445 il finit le 15 septembre. Les assié-

En un autre endroit, Contault nous montre un village que l'on a fortifié, à la manière antique, au moyen d'un fossé et d'une haie. Ici, nous voyons une cité de huit ou dix feux, fermée d'une pauvre muraille, médiocre dépendance d'un petit château. Là, ce sont de « gentes et bonnes petites villes ». On n'y compte que cinq cents feux tout au plus. Mais elles sont « habitées par plusieurs gens de bien et de grandes facultés et chevance ». L'une d'elles touche le Rhin. Ses murs plongent dans le fleuve qui l'entoure à moitié. L'autre, « bien close de fossés pleins d'eau et d'une bonne muraille », se serre contre un rocher, que couronne le château, objet de crainte et de convoitise pour les féodaux et les bourgeois du voisinage. Ils donneraient beaucoup pour en être les maîtres ou le voir en ruines. Après un mot sur la ville, sa grand'rue, la maison du conseil, la belle et somptueuse église, Contault se dirige vers ce château, où l'appelle son devoir d'enquêteur. Il gravit le rapide « sentier de pied » ou le long chemin de chars. Il traverse la basse-cour, première enceinte où affluent en temps d'alarme les gens du plat pays, laissée à dessein sans défense du côté qui fait face au château. Du haut de la planche qui mène à la poterne, ou du pont-levis qui précède la grosse porte, il remarque les jardins plantés au pied des murs, les étables construites dans le fond des fossés. Par la galerie ouverte sous une tour, il pénètre dans la cour inté-

geants étaient les gens de Bâle, de Berne, de Soleure et de Rheinfelden. Sur cet événement v. dans *Basler Chroniken*, IV (Leipzig, 1890) : *Chronikalien der Rathsbücher*, p. 54; *Brüglingers Chronik*, p. 193-198; *die Chronik Erhards von Appenwiler*, p. 259-267; *Anonymus bei Appenwiler*, p. 330.

rieure. La « belle petite chapelle » excite d'abord son admiration. Puis il parcourt les grandes salles, les chambres qui servent de logement, les « poêles » et les cuisines aux nombreuses cheminées. L'arsenal le retient longuement. Il compte les couleuvrines et les serpentines, les crennequins, les arbalètes de pas, les tonneaux de poudre à canon, les traits turquois qui garnissent les coffres, les armes de guerre et de joûte. Continuant sa visite, il monte sur les murs, suit les étroites « allées » en charpente qui permettent aux guetteurs de faire à couvert le tour entier de la forteresse. De là, il jette un coup d'œil sur la haute tour ronde ou carrée, dernière retraite des défenseurs de la place. Quand même la basse-cour et le château seraient aux mains de l'ennemi, ils y peuvent tenir « tant qu'ils ont vivres et artillerie, en y attendant secours ».

Le trente-septième jour de son voyage, maître Contault rentrait à Dijon, harassé, malade, chagrin d'une blessure que sa mule avait reçue dans le voyage, regrettant la monture qui lui était « bien propre, considéré son âge ». Il remettait son information à la chambre des comptes et lui exposait de vive voix ses conclusions et peut-être certaines choses qu'il n'avait pas voulu écrire. Le président Jouard rédigeait l'avis destiné au duc de Bourgogne. Il louait la conduite active et prudente de Contault et demandait le paiement de ses vacations et du voyage de ses compagnons[1].

1. Annexes, III, 1-6.

Quelque peu coutumier du fait, Charles, en signant l'ordre de départ, n'avait rien prévu pour les frais de la mission. Dans le plus pressant besoin d'argent, Blanchart et le cavalier s'étaient fait remettre une petite avance sur les recettes d'Ortemberg. Le maître des comptes n'avait pas reçu « un seul denier ». Jouard priait le duc de proportionner l'indemnité à l'empressement que Contault avait mis à partir malgré sa maladie et au succès de son information. Il n'oubliait pas de glisser un mot des cent écus d'or que le bon maître aurait pu jadis retirer de sa mule[1].

1. Annexes, III, 7°.

DOUBLE DE L'INFORMATION
faicte par ordonnance
de monseigneur le duc de Bourgoingne en ses pays
de Ferrates et d'Auxay
sur pluseurs matieres y declarées.

[Fol. 1, r°] 1° Par vertu et auctorité des lettres de commission dont la teneur s'ensuit : *Jehan Jouard*, seigneur de *Scheuannes*, chief du conseil et president des parlemens de mon seigneur le duc en ses pays de *Bourgoingne*, *Claude* de *Dinteville*, chancelier, seigneur d'*Eschanelz*, conseiller et chambellan de nostredit seigneur, *Jaques Pourcelot*, aussi conseiller d'icellui seigneur et maistre de ses comptes à *Lile*, et les gens des comptes de nostredit seigneur à *Dijon*, à maistre *Mongin Contault*, aussi conseiller de nostredit seigneur et maistre de ses comptes audit *Dijon*, salut. — Comme nostredit seigneur, par ses lettres closes escriptes en sa ville de *Gand*, le xij° jour de may mil ccclxxij, signées de son nom et de maistre *George Balperl*, son secretaire, entre autres choses nous ait mandé que, incontinent que par messire *Pierre* de *Hacambacq*, chevalier, son conseiller maistre d'ostel et grant bailli des pays de *Ferrates* et d'*Auxay*,

---

1. Archives de la Côte-d'Or, B, 1051. Minute. Cahier de soixante feuillets de papier. — Extraits dans Nerlinger, *Thann à la fin du XV° siècle* (Annales de l'Est, 1892), *La seigneurie et le château d'Ortemberg au Val de Villé sous la domination bourguignonne* (Annales de l'Est, 1895), *Les revenus du duc de Bourgogne à Thann à la fin du XV° siècle* (Revue d'Alsace, 1895), *Etat du château de Thann en Alsace au XV° siècle* (Bibliothèque de l'Ecole des Chartes, 1896).

serions requis, nous vous enuoiassions par deuers lui pour vous informer bien [v°] deuement et diligemment des rentes et reuenues que nostredit seigneur a et lui appartiennent en sondit pays de *Ferrates*, tant de domaine comme autrement, et que, ce fait, vous oyés les comptes de ses receueurs illec et faictes leurs estats, et que de ce qu'il sera trouué par vous de cler par lesdits estas vous payez et contentés ses officiers audit *Ferrates* de ce qu'il leur est deu à cause de leurs gaiges jusques à present, et ce ledit cler n'y peult satisfaire, nostredit seigneur veult que en ce cas, par *Jehan Scaghe*, commis à recouvrer et faire venir ens les deniers des pays de nostredit seigneur en *Bourgoingne*, nous faisons desdits deniers payer et contenter lesdits officiers entierement de leursdits gaiges du temps passé, en nous mandant au surplus par icelles ses lettres closes nous faire par vous informer quelz gaiges l'on a par cy deuant payez pour les gardes et capitaineries des places de *Tunne, Lanser, Orlemberg, Anguesscey* et autres places, [Fol. 2, r°] lesquelles capitaineries nostredit seigneur a données et ouctroyées audit grant bailli de *Ferrates*, et auec ce nous faire informer par vous des places dont nostredit seigneur a besoing et qu'il lui sont neccessaires pour les racheter, et ce que en trouuerons par lesdites informacions, auec nos aduis sur ce, lui enuoyer feablement cloz et scellez ou aux commis sur le fait de ses domaine et finances, pour, après le tout veu, en ordonner, sans en tout ce que dit est faire aucune faulte ou difficulté, et par autres lettres closes de nostredit seigneur à nous adreçans, escriptes à *Valenciennes*, le xv° jour dudit mois de may, signées de son nom et de maistre *Pierre Poulart*, son secretaire, nous ait mandé, oultre et par dessus ce que nagaires entre autres choses nous auoit escript et mandé par sesdites autres lettres closes, mesmement que, quant par ledit grant bailli de *Ferrates* serions requis, nous vous enuoyssions deuers lui pour vous informer des rentes et reuenues que nostredit seigneur a oudit pays de *Ferrates* tant en domaine comme autrement, et que vous feissiez les estaz de nostredit seigneur illec, nous vous ordonnessions, de par icellui seigneur, de payer et satisfere [v°] les reparacions desià faictes ès places de nostredit seigneur oudit pays de *Ferrates*, et sur celles qui encoires sont necessairement à faire vous ordonnez et aduisez le plus conuenablement que faire se pourra, et que tout ce que desià y a esté missionné soit mis par escript et apporté en la chambre desdits comptes à *Dijon*, et encoires nostredit seigneur, par ses autres lettres closes escriptes en sa ville de *Gand*, le dit xij° jour de may, signées de son nom et de maistre *Guillaume Haustain*, son secretaire, ait mandé à nous president, seigneur d'*Eschanelz*, et *Jaques Porcellot*, que tantost et sans delay nous faisions payer comptant par cellui de ses receueurs qui mieulx faire le pourra, à messire *Jehan Herard* de *Rochache*, cheualier, la somme de cent florins de *Rin* que, par appoinctement fait par les officiers de nostredit seigneur audit *Ferrates* auec ledit cheualier, ilz doit auoir pour vne fois de nostredit seigneur, à cause du transport qu'il a fait au prouffit de nostredit seigneur de tout le droit, cause et accion qu'il pouuoit auoir, quereler et demander en sa pescherie de *Tanne*, en recouurant de lui transport souffisant de sondit droit et de tous les tiltres et lettres qu'il a [Fol. 3, r°] d'icelle pescherie et quittance de ladite somme. En rapportant laquelle, auec lesdites lettres closes de nostredit seigneur et ledit transport, et tous lesdits tiltres, lettres et enseignemens que ledit messire *Jehan* en aura renduz touchant ladite pescherie, ladite somme de cent florins de *Rin* sera allouée ès comptes de la recepte du receueur qu'il payé l'aura, par nous, gens desdits comptes à *Dijon*, en mandant à nous, gens desdits comptes, le ainsi faire sans difficulté. Lesquelz transport, tiltres et lettres ainsi recouurées de ladite pescherie nostredit seigneur veult estre mis et gardez auec ses autres lettres et chatres en la chambre desdits comptes à *Dijon*, et, ce fait, que faisions baillier, de par nostre dit seigneur, à bonne et leale forme, la dite pescherie à cellui ou ceulx et pour tel temps que verrons estre conuenable pour son plus grant et euidant prouffit, et ainsi que l'on a accoustumé baillier ses autres fermes, en chargeant le receueur de ce quartier d'en faire recepte chacun an au prouffit de nostredit seigneur, comme au long le contiennent sesdites lettres closes. Pour ce est il que nous, en obeissant à nostredit seigneur, comme raison est, vous mandons et commettons, de par icellui seigneur, que, appellez auec vous *Laurens Blanchart*, clerc et auditeur [v°] desdits comptes, à toute diligence vous transportés oudit pays de *Ferrates*, et illec vous informez et enquerez bien et deuement des rentes et reuenues que nostredit seigneur a et lui appartiennent oudit pays de *Ferrates*, tant en domaine comme autrement, et, ce fait, oyez les comptes de ses receueurs illec, en allouant en la despense d'iceulx les sommes que, par l'aduis et ordonnance dudit grant bailli et de vous, iceulx receueurs ou aucuns d'eulx auront payez pour les fraiz raisonnables et neccessaires pour la conduite de ceste matiere, et faictes leur estas, et de ce que vous trouuerez de cler par lesdits estas faictes payer et contenter les officiers de nostredit seigneur audit *Ferrates* de ce qu'il leur est deu à cause de leurs gaiges jusques à présent. Et ce ledit cler ne peult satisfaire à ce, nous en faictes rapport, pour au surplus y faire ce qu'il appartiendra. Et en oultre vous informez, comme dessus, quels gaiges l'on a par cy deuant payez pour les gardes et capitaines desdites places de *Tanne, Langser, Ortemberg, Anguesscey* et autres places, lesquelles capitaineries nostredit seigneur a données audit grant bailli de *Ferrates*. Et aussi vous informez de quelles places nostredit seigneur a besoing [Fol. 4, r°] et qu'il lui sont les plus neccessaires pour les racheter, et l'information faicte et tout ce que fait en aurez nous rapportez feablement cloz et scellez, pour le tout renuoyer deuers nostredit seigneur, auec nostre aduis, et ausdits gens de ses finances, selon le contenu de sesdites lettres. Et auec ce vous ordonnons et mandons, de par icellui seigneur, faire payer et satisfaire les reparacions desià faictes ès places de nostredit seigneur audit pays de *Ferrates*, et sur celles qui sont encoires neccessairement à faire vous ordonnez et aduisez le plus conuenablement que fere se pourra, et que tout ce que desià y a esté missionné soit mis par escript et par vous apporté en la chambre desdits comptes à *Dijon*. Et au surplus faictes payer content par aucuns des receueurs de nostredit seigneur oudit pays de *Ferrates* qui mieulx faire le pourra, audit messire *Jehan Herard* ladite somme de cent florins de *Rin*, moyennant le transport qu'il fera au prouffit de nostredit seigneur de tout le droit, cause et accion qu'il a, peult et doit auoir, quereler ou demander en ladite pescherie de *Tanne*, et en recouurant avec ledit transport tous tiltres et lettres qu'il a et peult auoir de ladite pescherie et quittance de ladite [v°] somme de c florins de *Rin*. En rapportant laquelle, auec lesdites derrenieres lettres closes de nostredit seigneur, les lettres dudit transport, tiltres, lettres et enseignemens que ledit messire *Jehan* a et peult auoir touchant ladite pescherie, ladite somme de c florins de *Rin* sera allouée ès comptes et rabatu de la recepte du receueur qu'il payé l'aura, par nous, gens desdits comptes, pour icelles lettres de transport, quittance, lettres closes, tiltres et enseignemens touchant ladite pescherie estre mises et gardées ou tresor de nostredit seigneur, en la chambre desdits comptes. Et, ledit transport ainsi fait, baillez ladicte pescherie à bonne et loyalle forme et admodiacion à cellui ou ceulx et pour tel temps que verrez estre conuenable, pour le plus grant et cuidant prouffit de nostredit seigneur, et ainsi que l'on a accoustumé de fere de ses autres fermes, en chargeant le receueur de ce quartier d'en faire recepte chacun an au prouffit de nostredit seigneur. De ce faire et de toutes autres choses à ce pertinens et necessaires pour le bien et le prouffit de nostredit seigneur vous donnons pouoir, auctorité et mandement especial. Mandons et commandons audit grant bailli de *Ferrates*, son lieutenant, ou aux conseillers audit lieu et à tous autres justiciers, officiers et subgetz d'icellui seigneur, requerons autres que à vous, en ce faisant, obeissent et entendent dilegemment et vous donnent conseil, ayde et confort et assistance, ès cas et ainsi qu'il appartiendra. Donné à *Dijon*, soubz noz signetz, le xvij° jour de decembre, l'an mil cccc soixante et douze. Ainsi signé : *J. Guoneual* et *L. Dural.*

[Fol. 5, r°] 2° Et en ensuinant le contenu desdites lettres dessus transcriptes, je *Mongin Contault*, conseiller de monseigneur le duc de *Bourgoingne* et maistre de ses comptes à *Dijon*, appellé et present auec moi *Laurens Blanchart*, clerc et auditeur desdits comptes, me suis party dudit *Dijon* le xxvj° jour de decembre mil ccclxij et transporté en la conté de *Ferrates*, c'est assauoir au lieu et ville de *Tanne*, où je suis arriué le iij° jour du mois de januier l'an dessusdit[1]. Et pour mieulx besoigner et entendre ès matieres declairées ésdites lettres de commission, au bien et prouffit de mondit seigneur le duc, j'ay, le iiij° jour dudit mois, communiqué l'effect de ma commission à messire de *Haccambacq*, cheualier, seigneur de *Belmont*, conseiller maistre d'ostel de mondit seigneur, et son grant bailli de *Ferrates*. Et par son aduis, et pour enquerir et sauoir la verité des rentes et reuenues que mondit seigneur a et lui appartiennent oudit pays de *Ferrates*, tant en domaine comme autrement, c'est assauoir des terres et seignouries dont il est possesseur oudit pays de *Ferrates*, et quelz gaiges ont esté par cy deuant payez pour les gardes et cappitaineries des places de *Tanne, Lanser, Ortemberg, Hanguessey* et autres places, lesquelles [v°] capitaineries mondit seigneur a données audit bailli, et aussi de quelles places nostredit seigneur a besoing et qu'il lui sont les plus necessaires pour les racheter, je, appellé et present ledit *Laurens*, ay examiné les personnes que cy après seront nommées, qui, sur les trois points dessusdits, ont dit et depposé, par le serement qu'ilz ont à

1. 3 janvier 1473 (n. st.).

mondit seigneur, qui est le serement accoustumé faire et non autre par les officiers et subgectz de mondit seigneur oudit pays de *Ferrates*, selon la coustume du pays, ainsi qu'il est contenu en leurs depposicions cy après escriptes.

3° Et premierement le dit iiij° jour dudit mois de januier l'an susdit mccccLxxij[1] audit lieu de *Tanne*.

Guillaume Brediaire, receueur de *Tanne* pour mondit seigneur le duc de *Bourgoingne*, eaigié de enuiron xxxviij ans, interrogué et examiné par moy, ledit commis, appellé et present auec moi ledit *Laurens Blanchart*, tant sur le fait desdites rentes et reuenues de la seignorie dudit *Tanne* comme des gaiges desdites capitaineries, dit et deppose, par sondit serement, qu'il a redigié par escript en ses comptes qu'il a à rendre des rentes et reuenues de [Fol. 6, r°] ladite seignorie de *Tanne*, pour deux ans finiz la veille de Penthecoste lxxj et lxxij, pour lesquelles années mondit seigneur a eu et encoires a la joyssance de ladite seignorie de *Tanne*, toutes les parties des rentes et reuenues qu'il a peu sçauoir et trouuer, tant par l'extrait d'un compte qui lui fut baillié, quant il entra en ladite recepte, par *Ance Lorel* de *Maisoncal*, qui parauant auoit eu la charge de ladite recepte, comme autrement, sans ce qu'il y ait aucune chose de son pouoir obmis ne delaissé à coucher, et s'en rapporte à sesdits comptes, et n'a pas sceu que mondit seigneur ait en ladite seignorie de *Tanne* aucunes autres rentes, reuenues ou heritaiges, fors que celles qui sont declairées et coulchées en sesdits comptes.

4° Interrogué se mondit seigneur a en ladite seignorie de *Tanne* aucunes mines et forges de fer, ne thieulleries, ne aussi aucuns bois, forestz, estangs ou riuieres, dit que mondit seigneur a en ladite seignorie de *Tanne* les porcions de riuiere declairées en sondit compte, mais il ne scet pas qu'il y ait aucunes autres riuieres, estangs, bois, mines, forges, ne thieulleries, ne autres heritaiges en ladite

1. 1473 (n. st.).

seignorie de *Tanne*, excepté vng estang declairé en sesdits comptes et vng chaffault [v⁵] appellé la *Bergerie* de *Herbenchain* qui a esté destruit et brulé par la guerre des *Suich*, sont enuiron quatre ans, depuis lequel temps, mesmement depuis vng an ença, ledit messire *Pierre* de *Hacambacq* l'a fait reparer et reediffier à ses propres fraiz et despens, et y tient du nourriaige de brebis et moutons, et auquel chaffault ne appartient prez, terres, ne autres heritaiges, comme il dit sur ce interrogué, et ne sauroit estre d'aucun prouffit à mondit seigneur, pour ce que on ne troueroit personne qu'il la voulsist prendre, à cense ne autrement, à charge de la maintenir.

5ᵉ Dit encoires que il c'est aduisé, en le interrogant presentement, que les habitans de *Remonchanx*, ou pays de *Lorraine*, près du *Pertuis* d'*Estrées*, doiuent chacun an à mondit seigneur le duc la somme de vne liure d'argent, en valeur de xx solz balois, qui valent xx solz tournois, à deux termes par moitié, c'est assauoir aux jours de Pasques Charnelz et de Saint Martin d'iuer, et auec ce doiuent chacun an à mondit seigneur, audit terme Saint Martin, seze liures de cire, [Fol. 7. r°] le tout à cause de garde que mondit seigneur a sur eulx, desquelles liures d'argent et xvj liures cire lesdits habitants, au moyen des guerres qui ont esté oudit pays de *Ferrates* d'en enuiron xx ans, n'ont fait aucun paiement aux receueurs de mondit seigneur d'*Aulteriche*, ne aussi à lui qui deppose, lequel s'en plainnist, quant il fut entré en ladite recepte, audit messire *Pierre* de *Hacambacq*, afin d'y donner prouision, lequel messire *Pierre* depuis a fait contraindre lesdits habitans tellement que, parce que on leur a quitté le temps passé, ilz ont esté contans, depuis deux ans ença, de payer chacun an audit receueur de *Tanne*, au prouffit de mondit seigneur, ladite liure d'argent et aussi lesdites xvj liures cire, desquelles neantmoins ledit receueur n'a encoires riens peu recouurer, comme il dit, combien qu'il en fera recepte en ses comptes, pour ce que je lui ai ordonné de le ainsi faire, surquoy soit prins garde à l'audicion de sesdits comptes.

6° Interrogué quelle auctorité mondit seigneur a en ladite seignorie de *Tanne* [v°] sur crimineux, delinquans et malfaicteurs, quelles amendes, et sur quelz cas, dit que mondit seigneur a en toute ladite seignorie de *Tanne* toute justice, haulte, moyenne et basse, et y est souuerain, car de ses preuost et maires du plat pays on appelle deuant le preuost et les conseillers dudit *Tanne*, et d'eulx on appelle deuant ledit grant bailli, et dudit bailli à la personne de mondit seigneur le duc de *Bourgoingne*, et non ailleurs, et ainsi en a veu yser, quant les cas y sont aduenuz, du temps de sa souuenance et au temps que monseigneur d'*Aulleriche* tenoit la seignorie.

7° Dit oultre que, en tous cas de crime, lesdits maires et preuostz dudit plat pays ont puissance et auctorité de prendre tous malfaicteurs et les rendre ès mains du chastellain ou du receueur et procureur de mondit seigneur audit *Tanne*, à la poursuite desquelz les preuostz et conseillers de mondit seigneur audit *Tanne* puignissent et courrigent par justice ledit crimineux, ainsi que les cas le requierent. Dit aussi que, ce pour lesdits cas lesdits malfaicteurs souffrent pugnicion [Fol. 8, r°] sans mort, on a accoustumé de les pugnir en la maniere qui s'ensuit. C'est assauoir ceux qui blasfement le non de Nostre Seigneur Jhesu Crist, on leur met vng colier de fer au col, qui pend à vne chaine de fer contre vng pillier de pierre qu'est deuant l'eglise dudit *Tanne*, le premier dimanche après sa condempnacion, durant la grant messe paroichial, et lui meet l'on vne feulle de papier sur la teste, où sont escripz les blasfemez, et auec ce l'on lui pend à sa langue à vng croichet de fer vne pierre pesant vne liure qui soustient à sadite langue durant ladite messe, et jusques à ce que le chastellain de mondit seigneur dudit *Tanne* ordonne de le oster d'illec, et, ce fait, ledit chastellain le bannist du du pays de mondit seigneur ou lui fait grace, ainsi qu'il lui plaist.

8° Dit oultre que se vne femme blasfeme, en jurant le non de Nostre Seigneur ou aultrement, on a accoustumé audit lieu de *Tanne* de lui mettre et pendre au col vne pierre pesant enuiron demi cent, en laquelle pierre [v°] est fuguré le visaige d'une femme depiteusement fait, et lui pend vne pareille pierre à crochet attachée à sa langue en ladite pierre, laquelle icelle femme porte pendant à son col en vne chaine de fer deuant elle, publiquement, à la procession de l'eglise, avec vne chandelle ardant, pour lui faire honte et donner à congnoistre à vng chacung qu'elle a blasfemé.

9° Interrogué se lesdits blasfemeurs payent aucunes amendes ciuiles, soient hommes ou femmes, au prouffit de mondit seigneur, pour raison desdits blasfemes, dit que tous ceulx qui souffrent pugnicion par sang, comme à mettre le crochet en la langue et autrement, perdent et confisquent tous leurs biens à mondit seigneur, mais on trouve peu ou comme neant de gens de bien à qui le cas aduiengne. Et au regard des autres qui souffrent pugnicion sans sang, ils ne doiuent aucunes amendes à mondit seigneur, et ainsi en a veu joyr et vser, mesmement en ceste presente année, enuiron Pasques, en vit aduenir vng cas d'ung nommé *Michiel Delof*, dont il fait mencion en son compte de l'an lxxij.

[Fol. 9, r°] 10° Dit encoires que on a accoustumé, pour larrecin de cinq solz, copper l'oreille, pour dix solz, copper les deux oreilles, et pour vint solz, faire pendre et estrangler au gibet.

11° Dit aussi que pour mouldre on a accoustumé de faire rompre aux crimineux les bras, jambes et le dos, c'est assauoir les bras et jambes chacun en deux lieux, et le dos par le milieu, et pour ce on les meet sur la roue tous vifz, selon la coutume du pays.

12° Dit encoires que les traictres on les meet en quatre quartiers tous vifz, et laisse l'on la teste au quartier dexstre.

13° Dit oultre que les faulx monnoyers on les meet boulir et morir en vne chaudiere en hulle.

14° Et sont tous les biens desdits malfaicteurs executez par mort confisqués à mondit seigneur entierement.

[v°] 15° Dit aussi que pour parjurement on a accoustumé, pour la pugnicion du parjus, le mettre deuant l'eglise dudit *Tanne*, à vng jour de dimenche, durant la grant messe, sur vne eschielle tout droit, quant il est trouué par justice auoir dit contre verité et faulcé son serement, tenans les deux doiz de la main droicte qu'il luy est liyée en celle forme de cordes, et, au partir de ladite messe, on a accoustumé de lui faire copper lesdits deux doiz, ou cas que le prince ou son bailli ne lui feroit grace moyennant amende ciuille jusques à x liures balois et au dessoubz. Et, ce l'on lui coppe lesdits deux doiz, on a accoustumé de le bannir hors du pays, s'il n'a grace, comme dit est.

16° Dit encoires que, se vne femme desrobe jusques à xx solz et au dessoubz, on a accoustumé de la noyer, s'elle n'a grace du prince ou de son bailli dudit *Ferrates*.

17° Et se jeunes enfans jusques à l'eaige de xv ans et au dessoubz font larrecin, quelqu'ilz soit, on a [Fol. 10, r°] accoustumé de le faire battre de verges tout nuz par l'executeur de la haulte justice parmi la ville jusques à la croix du plain de la ville dudit *Tanne*, sans autre pugnicion, et et n'y a mon dit seigneur aucune amende.

18° Dit oultre que tous jugemens par mort se font et ont accoustumé de faire en ladite segnorie de *Tanne* par les xxiiij conseillers d'icelle, present ledit receueur et procureur, à jung et auant boire ne mangier, et n'y doit auoir aucuns conseillers bastars, car le criminéux les pourroit rebouter, et pareillement cellui qu'il sauroit et justifficroit estre advltaire publique. Et le jour que lesdits conseillers sont assemblez et qu'ilz concluent ledit jugement et condempnacion, ledit receueur de mondit seigneur leur doit donner à disner aux despens de mondit seigneur.

19° Dit encoires que mondit seigneur, par sesdits officiers, sans auctorité d'eglise, a accoustumé en ladite seignorie et [v°] en tout le conté de *Ferrates*, de faire prendre toutes gens sorciers, ramasseurs et sodomites, fere faire leur procès, les condempner et faire bruler.

20° Et de tous les cas dessusdits mondit seigneur ou

sondit bailli peult faire grace, s'il lui plaist, excepté seulement au regard des multriers, espieurs de chemins, sodomites, ramasseurs, sorciers, traictres et faulx monnoyers, ausquelz on a point accoustumé de faire grace oudit pays. Et ainsi en a veu et sceu joyr et vser du temps de sa souuenance, et telle est la saine et commune renommée et notoire en tout ledit pays de *Ferrates*.

21° Dit oultre que, quant aucun meet la main au cousteaul, ou lieue le poin, ou prend vne pierre pour geter par courroux contre vng aultre pour le frapper, supposé qu'il le frappe à sang sans mort, il ne paye que xxx solz pour l'amende, dont les xx solz se prennent et [Fol. 11, r°] lieuent au prouffit de mondit seigneur, et les v solz se prennent au prouffit dudit receueur, et les autres v solz au prouffit de la ville dudit *Tanne*, pour leur penne de la judicature de ladite amende, et ce est quant à ceulx deçà la riuiere de *Ziestre*. Et pareillement se fait de semblables cas qui aduiegnent delà ladite riuiere, excepté que mondit prent lesdits xx solz, ledit receueur v solz, et les maires et aduouez les autres v solz. Et en oultre dit que ès lieux de *Reiniguen* mondit seigneur a accoustumé, ès cas dessusdits, prendre et auoir, à cause desdites amendes, à son prouffit, xx solz seulement pour chacune desdites amendes de xxx solz, et ne prennent riens lesdits receueur, maires ou aduouez ès autres dix solz, pour ce qu'ilz appartiennent à aucuns gentilz. hommes, qui ne scet nommer, qu'il ont accoustumé de les auoir à leur prouffit. Et est tenu vng chacun hoste de denoncer audit receueur et procureur les debatz et excez qu'ilz se font en leurs hostelz, et ainsi le jurent lesdits hostes, et, s'il font du contraire, on les pugnist comme parjus.

22° Interrogué se mondit seigneur, à cause de ladite seignorie de *Tanne*, a aucuns fiefz et quelz, dit que scet bien que ledit messire *Pierre de Haccambacq* tient et posside audit lieu de *Tanne*, en la grant rue, près de la maison de la ville, vne maison, laquelle notoirement est mouuant du fied de mondit seigneur, mais il ne scet quelz autres fiefz mondit seigneur y a.

23° Interrogué se le seigneur gaigier d'*Allechiquelle*, ne autres seigneurs gaigiers en la dite conté de *Ferrales*, prennent aucunes rentes sur la recepte dudit *Tanne*, dit que le seigneur gaigier dudit *Haullcclick* a accoustumé prendre chacun an sur ladite recepte dudit *Tanne* lx liures balois qui sont à charge de rachat, quant il plaira à mondit seigneur le duc racheter ladite seignorie de *Halleclik*[1].

24° Et aussi y sont deues autres rentes qui sont à charge de rachat tant à *Cernay* que ailleurs, declairées en sesdits comptes,

[Fol. 12, r°] 25° Interrogué de quel sel l'on vse oudit conté de *Ferrales* et d'*Auxay*, et quel prouffit ou dommaige mondit seigneur pourroit auoir à fournir ou fere fournir à ses despens le grenier ou chambre à sel de *Dannemarie*, oudit conté de *Ferrales*, où les subgectz d'aucuns lieux dudit conté de *Ferrales* doiuent, comme l'on dit, prendre sel, dit et depose que d'anciennete l'on a accoustumé de vser du sel de *Lorraine*, et que mondit seigneur a plus de prouffit à le bailler à ferme que de le fournir de sel, pour les dangiers qui peuent aduenir ès voituriers et charretons qui amenent ledit sel dudit pays de *Lorraine* audit *Dannemarie* par les creues des eaues ou temps d'iuer et autrement.

26° Interrogué se en ladite ville de *Tanne* a aucunes foires ou marchiez, et se mondit seigneur y prent aucuns droiz, dit que en ladite ville a vne foire l'an seulement [v°], c'est assauoir le lendemain de la feste de Natiuité Nostre Dame, et à chacun jour de samedi marchié, en laquelle foire mondit seigneur prent la moitié du prouffit de la vente, et les habitans de ladite ville l'autre moitié, et au regard desdits marchiez, ilz sont francs, sans payer aucune vente.

27° Interrogué se les tailles deues en ladite ville de

---

1. En marge, de la même écriture que le texte : à rachat, et un trait vertical jusqu'au bas du feuillet.

Tanne à mondit seigneur sont reelles ou personnelles, dit qu'elles sont personnelles et non pas reelles.

28° Interrogué se le bailli ou chastellain dudit *Tanne* peuent ou ont accoustumé de moderer aucunes amendes ciuilles adiugées par lesdits conseillers de ladite ville de *Tanne*, dit qu'il a tousiours veu du temps de sadite memoire que ledit bailli ou chastellain ont de moderer lesdites amendes ciuilles, quant bon leur semble, et qu'ilz ont est[é] informez que par justice et raisonnable cause ainsi fere ce deuoit.

[Fol. 13, r°] 29° Interrogué se aucunes rentes sont deues sur ladite recepte de *Tanne* à charge d'ostaige, dit que par les charges, obligacions et constitucions desdites rentes deues sur ladite reuenue de *Tanne* à pluseurs personnes declairées en la despense de sesdits comptes, et en deffault de payé desdites rentes aux termes qu'elles sont deues, xij des bourgeois et habitans de ladite ville de *Tanne* sont tenuz et ont accoustumé d'entrer en hostaige, aux despens de mondit seigneur, et tenir ledit hostaige sans deppartir en hostellerie audit *Tanne*, jusques à entier payement et satisfacion desdites rentes, et ainsi en a veu joyr et vser sans contredit, combien que sur lui on n'en a point vsé, pour ce qu'il a tousiours payé lesdites rentes aux termes qu'elles sont deues, mais qu'il ne payeroit lesdites rentes aux termes accoustumés, mondit seigneur y pourroit auoir très grant interestz et dommaige en portant la charge et despens desdits hostaiges.

30° Interrogué se en ladite ville de *Tanne* sont demourans aucuns juifz, en quel nombre, ne se mondit seigneur [v°] prent aucun droit sur eulx, dit qu'il y sont demourans trois juifz, avec leurs femmes, enfens et maignies, mais il ne scet pas que mondit seigneur ait accoustumé de prendre ne auoir aucun droit sur eulx, et n'en a riens receu, bien a il ouy dire que tous les juifz qui estoient demourans oudit conté de *Ferrates* faisoient ensemble vne somme qu'il ne sauoit declairer, que ledit bailli prenoit à son prouffit, et autrement ne le scet.

31° Interrogué de quel seel l'on vse audit lieu de T⟨a⟩nne et quel prouffit mondit seigneur y prent, dit que⟨,⟩ regard du bailli, le bailli seelle de son seel armoyé de s⟨es⟩ armes, mais, au regard de⟨s⟩ contractz, les habitans dudit *Tanne*, par octroy des ducs d'*Auteriche* on seel duquel ilz vsent notoirement, et en ont le prouffit.

32° Interrogué combien l'on pourroit admodier par an la porcion de riuiere appellée *Pescherie* dudit *Tanne*, que [Fol. 14, r°] tient messire *Jehan Herard* de *Rignaulk*, dit qu'il a veu et sceu aucunes fois vne porcion de ladite riuiere appellée la *Pescherie Dessus*, et celle que tient ledit messire *Jehan Herard*, qui sont deux pescheries, les admodier par an ensemble xv ou xvj liures, mais il ne lui semble pas que ladite pescherie dudit messire *Herard* se peust admodier que enuiron xxx ou xl selz par an au plus hault, pour ce que ce n'est que vng grant estant derriere la maison dudit messire *Jehan Herard* audit *Tanne*, et que ladite *Pescherie Dessus* dure enuiron demie lieue, par quoy elle peult mieulx valoir que ledit gourt, combien que oudit gourt l'on a accoustumé prendre, en temps d'estey que les eaues sont basses, grant nombre de truittes, et dit l'on que ledit messire *Jehan Herard*, que tenoit ladite maison de franc aleuf, la chargea de fief enuers monseigneur d'*Auteriche*.

[v°] 33° Interrogué s'il scet aucuns en ladite seignorie de *Tanne*, que, par le temps des guerres ou autrement, aient substrait ou vsurpé aucunes rentes, reuenues ou heritaiges appartenant à ladite seignorie de *Tanne*, dit que non.

34° Interrogué quelz gaiges les capitaines ou chastellains du chastel dudit *Tanne* ont accoustumé prendre et auoir chacun an, à cause de leursdits offices de cappitaine et chastellain, dit qu'il a tousiours ouy dire et veu de son temps que audit lieu de *Tanne* a eu chastellain du chastel dudit *Tanne*, et non pas cappitaine, et que ledit chastellain a accoustumé de prendre et auoir chacun an, pour ses gaiges dudit office, la somme de cinq cens liures balois, sur laquelle somme ledit chastellain, par temps de paix, est tenu d'auoir et tenir jour et nuyt, [Fol. 15, r°] à ses despens, quatre gaittes auec le portier, et de fournir le bois pour quatre poilles, l'un pour lui, l'autre pour les gaittes, l'autre pour ledit portier et l'autre pour le fournier. Et par temps de guerre, ledit chastellain a eu par cy deuant charge de xij gaittes oudit chastel, qui sont choses de grans fraiz à supporter audit chastellain, lequel, en oultre sesdits gaiges, a accoustumé d'auoir, chacun an, à son prouffit l'erbe de dessus la ville dudit *Tanne* et vne pescherie appellée la *Pescherie Dessoubz*, en ladite riuiere de *Tanne*, qui peuent valoir, c'est assauoir ladite pescherie enuiron quinze liures et ladite herbe enuiron douze liures balois par an. Et au regard du jardin ou courtilz assis hors de la porte dudit *Tanne*, que tient ledit chastellain, on en pourroit auoir trois ou quatre solz balois par an.

[v°] 35° Interrogué quelz gaiges ont accoustumé de prendre et auoir les cappitaines de *Lanser*, *Anguesscey*, *Ortemberg* et *Loffemberg*, dit que riens n'en scet.

36° Interrogué quelz gaiges le receueur dudit *Tanne*, par auant les guerres et les gaigieres, auoient accoustumé auoir chacun an, à cause de leurs offices, dit qu'il a ouy dire à son père et à aucuns qu'ilz ont esté receueurs et procureurs dudit *Tanne*, que les anciens gaiges estoient, ou temps dessus dit, de xxvj liures balois, xij chars de foing en valeur d'enuiron xij liures, et d'une robe en valeur de vj liures, auec les droiz des menues amendes qui sont de cinq solz cy deuant declairées. [Fol. 16, r°] Et se donnent aucunes fois le sergent de *Renniguen* audit receueur pour son cheval quatre quarriçons auene, et le sergent dudit *Tanne* deux carriçons, qui peuent valoir enuiron xviij solz balois, combien que lesdits sergens ne sont autrement tenuz, se bon ne leur semble.

37° Interrogué quantes ouurées de vigne mondit seigneur a audit *Tanne*, ne en quel lieu, combien elles pourroient rapporter et combien elles pourroient valoir qui les vouldroit baillier, dit que ou lieu de la montaigne de *Ranghe* a trois pieces de vigne, l'une contenant enuiron xviij ouurées, l'autre xij ouurées, et l'autre cinquante ouurées, et que, ce lesdites vignes lui appartenoient, il ne bailleroit point voulentiers chacune ouurée pour x liures. Item en la montaigne de *Blosse* xviij ouurées, et peult valoir l'ouurée semblablement x liures. [v°] Item en la montaigne du chastel appellé *Lebgort*, ou en bourgoignon le *Jardin des Vignes*, x ouurées, qui peuent valoir seulement x liures l'ouurée. Item en la montaigne de *Millemberg* xx ouurées, et peult valoir l'ouurée lx solz. Item emprès ledit chastel enuiron cinq ouurées, et peut valoir l'ouurée c solz. Et semble audit depposant que mondit seigneur feroit mieulx son prouffit de les faire vendre et employer les deniers à racheter vng villaige nommé *Reppe*, assis en la seignorie dudit *Tanne*, qui est en gaigiere pour neuf cens florins de *Rin*, et qui peult valoir environ lx liures de rente bien receuans, que de faire lesdites vignes aux deniers de mondit seigneur, ne de les bailler à cense, car l'on pourroit auoir lesdits neuf cens florins de *Rin* du vendaige tant desdites vignes comme de la maison et treul de mondit seigneur dudit *Tanne*, qui est en ruyne et que l'on ne sauroit reparer pour iiijᶜ florins de *Rin*, comme il a cy deuant deposé.

[Fol. 17, r°] 38ᵉ Interrogué se mondit seigneur a aucuns droiz sur aucuns de ladite seignorie de *Tanne* pour faire ses vignes et vendanges, chacun an, dit qu'il ne scet pas qu'il ait aucun droit pour faire lesdites vignes. Mais il scet bien que les habitans de *Maisoncal* sont tenuz de fournir et liurer audit receueur, auant ce que l'on vendange les vignes de mondit seigneur, chacun an, xx grans tines et xx petites tines pour porter les raisins et fruit desdites vignes, et aussi fournir xij charretées de bois pour le chauffaige de ceulx qui ouurent ou treul de mondit seigneur audit *Tanne*, et si sont tenuz lesdits habitans de *Maisoncal* de charroyer dez lesdites vignes audit treul toute la vendange d'icelles, chacun an, en quoy icelles a veu aucunesfois vacquer vng mois ou cinq sepmaines, et doit l'on liurer pain, vin et pitance quatreffois le jour pour eulx, et foing tant seulement pour leurs cheuaulx, à la charge de mondit seigneur, et qui viennent à grant somme chacun an, comme l'on verra par ses comptes.

[v°] 39° Interrogué s'il scet ou pense que lesdits habitans de *Maisoncal* se voulsissent exempter des charges dessusdites, se mondit seigneur vendoit lesdites vignes et treul, ou que les baillast à faire à temps ou à cense, dit qu'il scet bien qu'ilz s'en vouldroient exempter, pour ce qu'ilz sont fortes gens, et que, tant que lesdites vignes seront à mondit seigneur et qu'elles seront en façon, ilz fourniront voulentiers lesdites charges, ainsi qu'ilz ont fait par cy deuant, et non autrement.

40° Interrogué quant feulx il peut auoir en ladite ville de *Tanne*, dit qu'il y peult auoir enuiron v feux tant en ladite ville comme ès feurbourgs d'icelle.

41° Interrogué combien de villaiges, dont mondit seigneur a à present la joyssance, appartiennent à ladite seignorie de *Tanne*, et quantz feux ilz y peut auoir, dit qu'il y appartient enuiron xxxv villaiges, dont mondit seigneur a la joyssance, où y peut auoir enuiron vij^c feux, et autrement ne sauroit depposer, comm'il dit, de toutes les choses dessusdites.

[Fol. 18, r°] 42° Noble homme *Estienne* de *Hacambacq*, escuyer, conseiller de monseigneur le duc de *Bourgoingne*, eaigié de xlvj ans ou enuiron, interrogué et examiné sur le fait desdites rentes et gaiges de cappitaines, dit et deppose, par le serement qu'il a à mondit seigneur le duc, que, de long temps et de toute sa jonesse, il a congneu la nature du pays de *Ferrates*, où il a tousiours hanté et conuersé, et mesmement la seignorie dudit *Tanne*, de laquelle la maison de *Haccambacq* dont il est party, est prouchaine d'enuiron deux lieues d'*Alemaigne*, et a hanté et conuersé souuentesfois en ladite ville de *Tanne* auec les oficiers et habitans dudit lieu, et par ce moyen a eu congnoissance des rentes et reuenues et autres droittures appartenant à ladite seignorie dudit *Tanne*, et a veu, puis peu de temps ença, aucuns des comptes du receueur dudit *Tanne*, et sceu lesdites rentes et reuenues, et aussi pluseurs charges qui sont deues sur [v°] la recepte dudit *Tanne*, qui sont contenues et declairées èsdits comptes, ausquelz il se rapporte, car il n'en sauroit faire si ample declaracion qu'il a veu estre declairée et contenue en iceulx escriptes, et ne scet pas, sur ce interrogué, que aucunes autres rentes, reuenues ou heritaiges ou autres droittures soient ou appartiennent à mondit seigneur en ladite seignorie de *Tanne*, fors que celles qui sont declairées èsdits comptes, et aussi aucunes autres qui sont contenues et declairées en la despense de *Guillaume Brediaire*, à present receueur audit *Tanne*, tesmoing precedant. Laquelle deposicion a esté faicte, escripte et registrée en sa presence, pour ce qu'ilz entend et parle mieulx, et m'a mieulx donné à entendre la langue d'*Alemaigne* en langue de *Bourgoingne* que n'eus fait ledit *Guillaume*, combien que icellui *Guillaume* parle et entend assés [Fol. 19, r°] competamment ladite langue de *Bourgoingne*, et en dit et deppose tout ainsi et semblablement que a fait ledit *Guillaume* par sadite depposicion, à laquelle il se rapporte.

43° Interrogué de quelle faculté ou chauance est ou peult estre ledit *Guillaume Brediaire* et s'il est souffisant et receant pour la seurté des deniers de sadite *recepte*, dit qu'il congnoist bien ledit *Guillaume*, qui est bonne personne et de bonne et honneste conduite, et preudomme, et peult avoir chauence qu'il a acquise de iij ou iiijc francs. Et ne semble pas à lui qui parle que on peust trouuer autre legierement ne facillement qui voulsist prendre la charge de ladite recepte, combien qu'il lui semble que ledit *Guillaume* en vouldroit estre deschargé.

[v°] 44° Le v° jour dudit mois de januier, audit lieu de *Tanne*.

Agnus Cruchenal, marchant, bourgeois et conseiller de la ville de *Tanne*, caigé de cinquante ans ou enuiron, interrogué sur les choses dessusdites, dit et deppose, par le serement qu'il a à mondit seigneur le duc, selon que, par ledit *Estienne* de *Haccambacq*, escuyer, tesmoing precedant, qui parle alement et bourgoingnon, a donné à entendre audit depposant, de ce que je lui ay demendé, et dont je l'ay interrogué en langue de *Bourgoingne*, et que ledit *Estienne* m'a aussi declairé et rapporté que ledit depposant a dit et depposé, en faisant responce èsdites interrogacions, sauoir ce qui s'ensuit, c'est assauoir qu'il ne sauroit pas bien declairer en particullier les rentes et reuenues appartenant à mondit seigneur en ladite seignorie de *Tanne*, mais, se on lui en vouloit faire aucune declaracion, il en diroit ce qu'il en scet. Et pour ce je lui ay fait declairer par ledit *Estienne*, en particulier, toutes les rentes et droittures de mondit seigneur declairées en la recepte dudit compte dudit receueur de *Tanne*, ainsi qu'elles sont [Fol. 20, r°] escriptes oudit compte, sur quoy ledit depposant a dit et depposé par sondit serement que, sont enuiron quatre ans que monseigneur d'*Aulteriche*, lors seigneur dudit pays de *Ferrates*, ordonna messire *Jehan* de *Franchepacq*, messire *Pierre* de *Morimont*, cheualiers, et autres, ses depputez pour ouyr les comptes de deux années precedans de *Lorel* de *Maisonsal*, lors receueur dudit *Tanne* pour mondit seigneur d'*Aulteriche*, par lequel lesdits deux comptes furent renduz et oyz par lesdits depputés en l'ostel de lui qui deppose, et fut present lui qui parle à l'audicion d'iceulx comptes, lesquelz demourerent en ses mains en garde par ordonnance desdits depputez, par l'espace d'enuiron deux mois, que mondit seigneur d'*Auteriche* les feist lors porter à *Fribourg* deuers lui, et durant le temps que lesdits comptes furent en sadite garde, il les visita par pluseurs fois, et est bien souuenant que en recepte d'iceulx comptes, pour lesdites deux années, ledit *Lorel* faisoit declaracion de toutes les parties de rentes et reuenues et autres droittures appartenant a ladite seignorie [v°] de *Tanne*, contenues et declairées oudit compte dudit *Guillaume Brediaire*. Et ne scet pas, sur ce interrogué, que à mondit seigneur, en icelle terre et seignorie de *Tanne*, appartiennent aucuns autres droiz, rentes ou reuenues, fors celles declairées oudit compte, et aussi les droittures de justice, amendes grans, et autres choses depposées et contenues en la depposicion de *Guillaume Brediaire*, premier tesmoing cy deuant nommé, laquelle lui a esté leuee et donnée à entendre par ledit *Estienne*. Et en a veu joyr et vser mondit seigneur et ses predecesseurs, contes de *Ferrates*, de tout le temps de sa souuenance, excepté qu'il dit que, quant vng homme ou femme en la seigneurie dudit *Tanne* desrobe cinq solz et audessoubz, on a accoustumé de lui copper l'oreille, et s'il desrobe au dessus de cinq solz, on a accoustumé de le faire pendre et estrangler. Dit aussi que on a accoustumé de boulir en l'uille vng faulsaire de lettres, tout ainsi que l'on fait vng faulx monnoyer, et à la pugnicion des parjus il a bien veu leur mettre le fer chault au col, mais il ne les a point veu mettre sur [Fol 21, r] l'eschielle. Et au regard de la pescherie de messire *Jehan Herard* et de la valeur d'icelle, et aussi se aucunes rentes, reuenues ou autres droiz ont esté vsurpés par aucuns, il n'en sauroit depposer.

45° Dit oultre que, au regard des gaiges que ont accoustumé prendre les capitaines ou chastellains du chastel dudit *Tanne*, il a veu et sceu, tant par les comptes dudit *Loret*, dont il a cy deuant depposé, comme par oyr dire à pluseurs chastellains et capitaines qui y ont esté, qui ont eu de gaiges par an aucunefois iij^c florins de *Rin*, autreffois iiij^c florins, et derrainement depuis, et sont enuiron xx ans, vng nommé messire *Melchizer de Bloumenech*, capitaine et chastellain dudit *Tanne*, auoit de gaiges v^c liures balois, oultre et par dessus les droiz declairés en la depposicion dudit *Guillaume Brediaire*.

46° Et au regard des gaiges dudit receueur, il scet bien, par les [v^e] raisons dessusdites, qu'il a tousiours eu du moins pour ses gaiges xxvj liures par an, et aucunefois plus, auec xij chars de foing et sa robe, et aussi les droiz d'amendes et gelines accoustumez et de ladite depposicion dudit *Guillaume Brediaire*.

47° Interrogué quelz gaiges les capitaines et chastellains des autres places et forteresses dudit conté de *Ferrates* ont accoustumé de prendre de chacun an, mesmement d'*Anguesseey*, *Lanser*, *Ortemberg* et *Rinfel*, dit que riens n'en scet.

48° Interrogué de quelle faculté ou chauance est ou peult estre ledit *Guillaume Brediaire*, à present receueur dudit *Tanne*, et s'il est souffisant et receant pour la seurté des deniers de sadite recepte, dit qu'il congnoist bien ledit *Guillaume*, qui est bonne personne et de bonne et honneste conuersacion et conduicte, et peult sa cheuance à present valoir de iij à iiij^c florins, et ne semble pas à lui qui parle, sur ce interrogué, [Fol. 22, r°] que l'on peust trouuer autre personne receant qu'il voulsist prendre ne accepter la charge de ladicte recepte, et lui semble que ledit *Guillaume* en vouldroit estre deschargé.

49° Et combien que, depuis les depposicions des trois tesmoings deuant nommez, faictes et registrées ainsi que cy deuant est escript, j'aye requis, tant deuers ledit messire *Pierre de Haccambacq* comme deuers lesdits tesmoings, assauoir s'il auoit aucuns autres tesmoings en ladite ville de *Tanne*, ne ailleurs, par qui je me peusse encoires informer sur les points et choses auantdictes, toutesuoyes ledit messire *Pierre* et tesmoings m'ont dit et respondu qu'il ne scauoient aucuns autres audit *Tanne*, ne ailleurs, qui sceussent depposer desdites matieres si emplement que iceulx trois tesmoings, pour ce qu'il ne scauoient aucuns autres qui en eussent eu entremise ne congnoissance [v°] et que, dez passé auoit xl ou cinquante ans, le pays auoit tousiours esté en guerre, et que les seigneurs gaigiers qui, depuis ledit temps, auoient esté oudit conté de *Ferrates*, auoient par eulx et leurs seruiteurs leuées les rentes et reuenues desdits contez et seignourie de *Ferrates*, et n'en estoit enseignement par comptes ne autrement. Et aussi ont dit que ledit *Lorrel* auoit baillé audit receueur de *Tanne* vng double de ses comptes, par lequel double on pourroit clerement veoir la declaracion de toutes lesdites rentes et reuenues, et n'en y sauoient nulles autres.

5o· Et après ledit examen fait, c'est assauoir le viij· jour dudit mois de januier, je, appellé et present auec moy ledit *Laurens*, me suis transporté, auec ledit messire *Pierre de Hacambacq* et aussi ledit receueur, ou chastel dudit *Tanne*, pour veoir, visiter et sauoir les reparacions [Fol. 23, r°] qui y sont necessaires à faire, oultre celles que desià y ont esté faictes, et que ledit receueur par son compte a prins en despense. Ouquel chastel a vne belle petite chappelle, garnie d'ornemans d'autel neccessaires, et fondée d'une messe par chacun jour, qu'est de la collacion de mondit seigneur. Et en presence desdits messire *Pierre de Hacambacq* et receueur, et appellez aucuns ouuriers, maçons, charpentiers et recouureurs, j'ay visité les edifices et maisonnemens d'icellui chastel, qui sont grans et de grant maintenue, mesmement en couuerture, pour ce que ledit chastel est assis bien hault sur vng rocq contre bien haultes montaignes et de grant pente, et bien long chemin à monter, et que la plus grant partie des couuertures est de thieulle, et l'autre d'aissannes de sapin, qui de legier vient en pourriture. Et n'y a gaires maisonnement tant en chambres, sales, chappelle, greniers que autres, où il ne pleuue par pluseurs goutieres qui pourrissent les murailles [v°] et charpenterie, et ainsi l'ay veu, car à l'eure que je y suis alé, il pleuuoit très fort, par quoy ladite place pourroit cheoir en ruyne, qui seroit vng très grant dommaige, car ladite place est meruilleusement forte, car il y a quatre fors, et regardant sur ladite ville de *Tanne*, qui est gente et bonne petite ville, bien close et fermée de fossés, glacis garniz d'eaue, de fontenys et de bonne muraille bien deffensable et couuerte sur les alées d'icelle, en laquelle ville est commancée et fort aduencée vne mout belle et somptueuse eglise en l'onneur de Dieu Nostre Seigneur et de monseigneur saint Thiebault, où il a grant apport, fondée d'un preuost et de xij chanoines, qui sont à la collacion de mondit seigneur, et peult valoir chacune prebende xxx liures balois, chacun an, et aussi est l'une des principales bonnes villes dudit conté de *Ferrates*, comme l'on dit.

51° Et après ladite visitacion par moy faicte, j'ay voulu assentir desdits ouuriers quel pris il vouldroient [Fol. 24, r°]¹ auoir pour recouurir les toiz et goutieres dudit chastel, là où il voient qu'il estoit necessaire, sur quoy ledit messire *Pierre de Hacambacq*, receueur et ouuriers m'ont dit et respondu qu'il auoit enuiron vng an que, par ledit bailli et quatre des conseillers de mondit seigneur audit *Tanne*, auoit esté faicte vne visitacion de toutes les reparacions, tant de charpenterie, maçonnerie que couuerture, qui estoient necessaires à faire oudit chastel. Laquelle visitacion estoit és mains dudit receueur, et y estoient declairez les pris qui sembloit que la chose pouoit valoir et autre à faire. Et pour ce que la chose n'estoit pas depuis amendée, j'ay ordonné audit receueur de moy apporter et bailler ladite declaracion, ce qu'il a fait. Par laquelle visitacion j'ay trouué que le toit de la sale, qui est couuert de thiculle, pouoit couster à recouurir, tant pour achat de thiculle, de chaulx et de sablon, comme de la main de l'ouurier, six vins florins d'or. Pour ce. vj^{xx} florins.

[v°] 52° Item vne rechoite qu'est près de la petite cusine, et aussi ladite cusine, et les cheminées de ladite cheminée et du grant poille, depuis ladite salle jusques audit grant poille, pourra couster à recouurir pour toutes choses.................................... xx florins.

53° Item la couuerture du gros poille soubz lequel est le celier, ensemble l'estable des cheuaulx emprès ledit poille, pourroit couster pour toutes choses à faire................................. xxx florins.

54° Item, pour ce que en la charpenterie de ladite sale a plusieurs pieces de bois pourries et aualées, qui sont necessaires à rechangier, ou autrement la couuerture n'y

---

1. En marge, de la même écriture que le texte : Reparacions pour le chastel *Tanne*.

pourroit prouffiter, par ladite visitacion ce qui y chiet à reparer pourroit couster pour toutes choses xxx florins.

[Fol. 25, r°] 55° Item, la couuerture de la maison des cheuailiers oudit chastel pourroit couster pour toutes choses la somme de...................... xxx florins.

56° Item la couuerture des estables basses et de la maison dessus la grosse porte pourra couster.... x florins.

57° Item la couuerture de la grant cusine, de la cheminée d'icelle, et la maison du four tirant jusques au maisonnement appellé la maison du duc estant oudit chastel, et aussi ladite maison du duc pourra couster. lx florins.

58° Item la haute tour qui est toute comme descouuerte et fort gastée des vends, tellement que la muraille en est bien dommaigée, a besoing de enrochier et de recouurir, et pourra le tout couster la somme de........ l florins.

59° Item le toit de la chappelle et les allées d'icelle jusques à la maison du duc, pourra couster à recouurir................................... xxx florins.

[v°] 60° Depuis laquelle visitacion ladite ruyne est accreue et non pas diminuée, comme j'ay veu et congneu par experience, par quoy je n'ay mis par escript de nouuel autrement ladite visitacion, ains me suis arresté à icelle telle que dit est.

61° Somme desdites reparacions iij^c iiij^{xx} florins d'or.

62° Et est assauoir que j'ay demandé s'il auoit aucuns meubles ou artillerie appartenant à mondit seigneur oudit chastel, pour ce que je y ay veu deux grosses serpentines, enuiron xx couleurines, et huit ou dix arbelestes de pas, comme de traict de turcois et de crameillie, auec pluseurs tonnelez de poudre de canon et harnes de guerre. Sur quoy, par ledit messire *Pierre de Haccambacq* m'a esté respondu que toute ladite artillerie est à lui, et que mondit seigneur n'y auoit fors que quatre soilloz de cuyr et deux vieilles selles de jouste qui ne vaillent pas deux blans, et que les gens de monseigneur d'*Auteriche*, auant leur partement dudit chastel, auoient [Folio 26, r°]

hosté les portes, fenestres¹, gons, ferrures, chaudieres d'estuues, et tous autres biens qui y estoient, et les auoient venduz et fait ce que bon leur auoit semblé.

63° Et en oultre, pour ce que j'ay demandé audit messire *Pierre* s'il auoit aucuns juifz demeurant en ladite ville et seignorie de *Tanne*, qui deussent aucuns droiz à mondit seigneur, ledit messire *Pierre* m'a dit que mondit seigneur lui auoit donnez tous les drois qu'il lui appartenoient sur lesdits juifz, et que en toute ladite ville et seignorie de *Tanne* n'en demeure que trois qui resident en ladite ville et sur lesquelz il ne lieuent aucun droit, pour ce qu'ilz sont très poures. Bien dit il que, auant les guerres, auoit grant nombre de juifz oudit conté de *Ferrates*, qui rendoient, chacun an, grant tribut au prince, mès, par le moyen desdites guerres, ils auoient prins et tiré autre pays pour la plus grant partie, et que ceulx qui sont demeurés oudit conté font leurs residances ès bonnes villes et forteresses dudit conté [v°] que tiennent les seigneurs gaigiers, qui en prennent les droiz et prouffiz, et que en toutes les bonnes villes et forteresses dont mondit seigneur a la joyssance, ne demeure, que saiche, aucuns juifz, fors que lesdits iij juifz audit *Tanne*. Et en oultre dit ledit messire *Pierre* que tous lesdits juifz ensemble, pour toutes charges et tribulz, au temps que toute ladite seignorie dudit conté de *Ferrales* estoit entiere et sans gaigiere, n'auoient accoustumé payer, chacun an, fors que la somme de cinc^c florins d'or tant seulement au prouffit du prince, et lequel droit mondit seigneur prent, comme dit est.

64° Après lesquelles choses ainsi faictes, je ledit commis, appellé auec moy ledit *Laurens*, me suis, le xiiij^e jour dudit mois de januier, transporté au lieu de *Hanguesscey*², et illec me suis informé, ainsi et le mieulx que je l'ay peu faire, par les personnes cy après nommées, de la

---

1 Fenestres répété.
2. En marge, même écriture que le texte : *Ortemberg*.

valeur des rentes et reuenues des chastel, terre et seigneurie et appartenances d'*Ortemberg*, en la maniere cy après declairée.

[Fol. 27, r°] 65° Premierement noble homme *Hance Mayer*, escuyer, lieutenant dudit messire *Pierre de Haccambacq*, chastellain dudit *Ortemberg*, eaigié d'enuiron l ans, interrogué par moy ledit commis, ayant auec moy ledit *Laurens*, sur la valeur des rentes et reuenues et autres droittures dudit *Ortemberg*, sur quoy il dit et deppose, par le serement qu'il a à mondit seigneur, qu'il scet bien et est tout notoire au pays que la seignorie dudit *Ortemberg* compete et appartient à mondit seigneur le duc de *Bourgoingne*, par conqueste qu'il en a fait par armes, sont enuiron deux ans, à bonne et juste querelle, comme il lui semble, et que, à cause d'icelle seignorie, à laquelle appartiennent les villes et villaiges de *Villers*, *Herlebach*, *Prestebach*, *Saint-Martin*, *Maisongod*, *Scahit*, *Trestach*, *Honchoual*, *Pietresolles*, *Waseberch*, *Urbeiz*, *Lagfel*, *Mytelchieure*, *Chieruille*, *Treffetal*, *Plosuillers* en partie, *Roichebach*, *Collert*, *Scanpach*, *Sallecey*, *Prux*, *Neuf Bourg* et *Salles*, esquelz villaiges sont comprins enuiron x ou xij maisons [v°] estans en montaignes, et en tous lesdits villaiges et maisons peult auoir enuiron v^c feux, et y a mondit seigneur toute justice souueraine, haulte, moyenne et basse, et y a pluseurs rentes et reuenues et autres droittures, lesquelles sont declairées ès comptes de ladite seignorie de *Ortemberg*, qu'il a veu ès mains de *Mayer Faffelan*, mayeur dudit *Villers*, du preuost de *Chieruille* et du mayeur de *Herllebach*, depuis huit jours ençà, pour le temps escheu depuis ladite conqueste jusques à present, et ne scet pas, lui qui parle, sur ce interrogué, que mondit seigneur, à cause de ladite seignorie, ait aucunes autres rentes ou reuenues, fors que celles declairées esdits comptes.

66° Dit oultre que, à cause de ladite justice, le mayeur dudit *Villers* et les xij escheuins dudit *Villers* ont accoustumé d'auoir, pour et en nom de mondit seigneur, la congnoissance et pugnicion de tous cas qui aduiennent en ladite seigneurie. Et a mondit seigneur [Fol. 28, r°] droit de auoir la confiscacion de tous criminculx qui sont comdempnés à mort ou banniz de ses pays, à son prouffit entierement. Et au regard d'aultres moindres cas où il ne chiet pugnicion de mort, elles appartiennent semblablement à mondit seigneur, excepté les petites amendes qui ne sont que de deux solz, qui se prennent par moitié par lesdits maires et escheuins, et pareillement par iceulx maires et escheuins les amendes de x solz qui sont deues par iceulx qui se plaignent et qui ne peuent ne sceuent enseigner ne justiffier de leur cas. Et ont lesdits maires et escheuins deux sergens et vng scribe de ladite justice, et ont accoustumé de tenir leurs jours chacune sepmaine le lundi.

67° Interrogué de quelles sommes sont les plus grandes amendes sans confiscacion, dit qu'elles sont de x liures, de v liures et de xxx solz, monnoie d'*Estrabourg*, et vault vng denier d'icelle monnoie ij deniers balois, qui sont deux deniers tournois. Et n'en peult nully fere grace, fors que le prince, son bailli, ou le chastellain dudit *Ortemberg*, par l'aduis et ordonnance dudit bailli.

[v°] 68° Dit aussi que vng homme estrangier ou autre vient demourer en ladite seignorie, et il ait vne femme auec lui qu'il ait juré estre sa femme, et l'on trouue après du contraire, il est admendable de xij liures, dite monnoie, dont les vj liures appartiennent à mondit seigneur et les autres vj liures au prouffit de l'eglyse paroichial où il est trouué.

69° Dit outre que mondit seigneur n'a en ladite seignorie aucuns fours ou molins bannaulx, ne autres droiz à cause desdits molins et fours, se non ce qui est contenu és comptes dudit maire de *Villers*.

70° Interrogué se mondit seigneur a aucuns bois de paisson ou de chauffaige, ne estangs en ladite seignorie, dit que non, qu'il saiche, excepté les bois de *Iliberg*, qu'est bois de sappin, et ouquel les habitans de ladite seignorie ont droit d'usaige, moyennant x^s de paisseaulx qu'ilz deiuent chacun an à mondit seigneur. Bien dit il [Fol. 29, r] que dedans et au long des chemins dudit bois sont pluseurs fortes hayes qui sont ès destroiz des entrées des chemins, qui sont pour aider à garder le passaige et entrée oudit pays, èsquelles hayes se aucun est trouué mefasant, on a accoustumé de tout temps en leuer v liures d'amende, dite monnoie.

71° Dit semblablement, se aucun est trouué mefasant en la riuiere appellée *Brux*, qui est bannal à mondit seigneur, il est admendable de v solz, dite monnoie, laquelle riuiere le chastellain dudit *Ortemberg* a accoustumé auoir à son prouffit, et n'a l'on point accoustumé de l'admodier.

72° Interrogué se les habitans de ladite seignorie d'*Ortemberg* sont tenuz et ont accoustumé de faire guet et garde jour et nuyct oudit chastel de *Ortemberg*, ne contribuer aux reparacions et emparemens d'icellui chastel, dit que non, qu'il saiche, mais a tousiours oy [v] dire qu'il en ont esté francs et exemps, combien que, par aucunes années et à la priere d'aucuns des seigneurs dudit lieu, aucuns des subgectz de ladite seignorie, en bien petit nombre, comme de trois ou de quatre, comme y a ouy dire, y ont fait guet et garde.

73° Interrogué de quel seel on a accoustumé de vser en ladite seignorie, dit que on a accoustumé vser du seel du mayeur dudit *Villers*, que en prent le prouffit.

74° Interrogué se en ladite seignorie a aucunes foires ou marchiez, et quel droit mondit seigneur y prent, dit que audit lieu de *Villers* a chacun mercredi marchié, et deux foires en l'an, c'est assauoir à la Myost et à la Natiuité Nostre Dame, et que chacun mercier vendant denrées èsdites foires et marchiez doit par an viij deniers de vente, dont les habitans dudit *Villers* ont les vj deniers, et ledit mayeur les deux deniers, à cause de son office.

[Fol. 30, r] 75° Interrogué se en ladite seignorie a aucuns benefices, prebendes, ne autres, qui soient à la collacion de mondit seigneur, dit que la cure de *Salles*, en ladite seignorie, est de la collacion de mondit seigneur, toutes et quantesfois qu'elle est vacquant.

76° Interrogué de quelle situacion est la maison et forteresse dudit *Ortemberg*, dit que c'est vne belle place et forteresse d'assés bonne espace et bien logeable, assise sur vng hault rocq, et y a bonne et forte muraille bien deffensable, et deuant y a belle bassecourt, dez laquelle l'on ne peult greuer ne porter dommaige audit chastel, mais plustost ceulx de ladite place pourroient porter dommaige à ceulx qui tiendroient ladite bassecourt, tellement qu'ilz seroient contrains d'en wyder, quant oires il ne auroit en ladite place que x ou xij hommes deffensables fourniz de viures [v°] et artillerie, lesquelz x ou xij hommes seroient souffisans pour tenir et garder ladite maison bien longuement, s'il n'y auoit siege de bien grant prince. Et quant oires ladite bassecourt et ledit chastel seroient prins, si se pourroient retraire ceulx dudit chastel en vne grosse tour qui y est, et la tenir tant qu'ilz auroient viures et artillerie, en attendant secours.

77° Dit en oultre que ladite place et forteresse de *Ortemberg* est bien neccessaire et propice à mondit seigneur, pour ce qu'elle tient en crainte ceulx qu'il vouldroient entreprendre à lui faire guerre oudit pays. Car quant il auroit gens de guerre dedans ledit chastel, ilz pourroient empescher ceulx qui vouldroient adommaiger ledit pays, et entreprendre sur eulx tellement qu'ilz roimproient et se depporteroient de leur entreprinses. Et pour [Fol. 31, r°] ceste cause sont ou pays plusieurs bonnes villes, gens de guerre et autres, qui desireroient bien la demolicion de ladite place, et il leur feust cousté bien grant chose, pour ce qu'il ne auroient point de crainte de conduire leursdites entreprinses sur les pays et subgectz de mondit seigneur et les grandement dommaigier, se ladite place estoit prinse sur mondit seigneur, ou qu'elle feust desmolie ou en ruyne, mondit seigneur et sesdits pays et subgectz y pourroient auoir dommaige inextimable pour les causes dessusdites.

78· Interrogué quelz gaiges les chastellains ou capitaines dudit *Ortemberg* ont accoustumé auoir, chacun an, d'ancienneté et de nouuel, dit qu'il ne scet. Car il est notoire ou pays que, passé sont cent ans, ladite place d'*Ortemberg* a tousiours esté tenue par pluseurs seigneurs gaigiers et gens de guerre, [v°] qui prenoient tout ce qui trouuoient à leur auantaige, et n'y auoit aucuns capitaines fors que eulx mesmes. Mais à present, se c'est le bon plaisir de mondit seigneur de la tenir et faire garder pour lui, il est neccessaire de y auoir chastellain ou capitaine, à tout huit ou x personnes de moins, pour bien et seurement garder ladite place, et lui semble qu'il pourroit bien auoir iij^c florins de gaiges par an, combien que lui qui parle ne la vouldroit pas auoir à garder longuement pour ledit pris, et de ceste heure en vouldroit bien estre deschargé.

79· Interrogué quelles reparacions sont neccessaires à faire oudit chastel d'*Ortemberg*, oultre celles que desià y sont faictes, dit qu'il lui semble bien estre très neccessaire, pour la seurté et [Fol. 32, r°] deffense de ladite place, d'y fere encoires, le plus brief que faire se pourra, les reparacions cy après declarées, lesquelles il a fait visiter par maçons et autres gens à ce congnoissans.

80· Premierement conuient par fere reffere oudit chastel grant partie de la muraille de la bassecourt renuercée et fendue en pluseurs lieux, parce qu'elle ne a pas esté assouuye ne bien faicte, et peult contenir ce qu'il est à reffere et parfaire enuiron lx toises tant de long que de hault.

81· En chacune desquelles toises fauldra deux mesures de chaulx, qui sont vj^{xx} mesures, qui, au pris de xviij deniers la mesure, monnoie d'*Estrabourg* courant audit *Ortemberg*, valent ix liures, qui à tournois valent: .... xviij liures tournois.

[v°] 82· Item, pour le charroy de ladite chaulx dez le lieu de *Scorista*, où l'on l'a chargé jusques oudit chastel distant d'une lieue, au pris de x deniers, dite monnoie, la mesure, valent v liures, qui à tournois font .... x liures tournois.

83° Item, pour iij^c lx mesures de sablon, y comprins la voicture, au pris de vj deniers la mesure, valent ix liures qui à tournois font............... xviij liures tournois.

84° Item, pour forestaige, traicte de pierre et voicture d'icelle neccessaire à ladite muraille, à la mener jusques audit chastel, cinquante florins d'or, valent lv liures tournois.

85° Item, pour la main de l'ouurier, pour faire lesdits ouuraiges de maçonnerie, lx florins de *Rin*, valent lxvj liures tournois.

[Fol. 33, r°] 86° Item est neccessaire de refaire le pont leuis dudit chastel, ensemble trois chauffaulx sur la muraille de ladite bassecourt, qui pourroit couster tant pour achat de bois comme pour ferrure et pour la main de l'ouurier, xxij florins, que à tournois valent.................... xxiij liures ij solz tournois.

87° Item pourra couster le charroy du bois neccessaire pour lesdits pont et chauffaulx xij florins de *Rin*, valent à tournois............ xij liures xij solz tournois.

88° Et pour thieulle, pour couurir lesdits trois chauffaulx, enuiron xvj^c de thieulle, chacun cent au pris de iiij solz viij deniers tournois, y comprins la voicture, valent.................. lxxiiij solz viij deniers tournois.

89° Somme ij^c vj liures viij solz viij deniers tournois.

[v°] 90° *Mahiel Faffelan*, mayeur de *Villers*, caigié de lx ans, comme il dit, interrogué sur lesdites rentes, reuenues et autres droictures appartenant à mondit seigneur en ladite seignorie d'*Ortemberg*.

91° Dit et deppose, par le serement qu'il a à mondit seigneur, tout ainssi et par la forme et maniere que en a dit et depposé *Ance Mayer*, tesmoing precedant, excepté au regard des rentes et reuenues, sur quoi il dit, par sondit serement, qu'il a fait bonne, loyalle et entiere recepte et declaracion de toutes lesdites rentes et reuenues appartenant à mondit seigneur en icelle seignorie de *Ortemberg*, par deux ses comptes de deux années finies à la Saint Martin mil iiij°lxxij derrenement passé, qu'il a à rendre d'icelle seignorie, ausquelz il se rapporte, et ne scet pas qu'il en ait aucunes delaissées, en tant qu'il touche ce qui en eschiet à la charge de sa recepte à cause de ladite mairie. Et au [Fol. 34, r°] regard des gaiges du capitaine dudit *Ortemberg*, il n'en scet plus auant que en a depposé le dit *Ance Mayer*, tesmoing precedant, et autrement ne plus auant n'en scauroit depposer.

92° Interrogué s'il deuoit aucune chose de reste, à cause de sadite recepte, au temps de ladite conqueste d'*Ortemberg*, dit qu'il deuoit seulement xxij liures x solz, dite monnoye, qu'il bailla audit messire *Pierre de Haccambacq*, pour aider au fournissement des viures de ses gens de guerre à ladite conqueste.

93° *Hance de Honhoufs*, maire de *Herlebacq*, caigé de lx ans, interrogué sur le fait desdites rentes et reuenues et autres droictures de mondit seigneur en ladite seignorie de *Ortemberg*, dit et deppose par son serement qu'il a veu les comptes de deux années finies à la Saint Martin d'iuer mil cccc lxxij, de *Mahiet Faffelan*, maire de *Villers*, et paressoit [v°] bien les rentes et reuenues appartenant à mondit seigneur audit *Villers*, et aussi scet bien les rentes et reuenues appartenant à mondit seigneur, à cause de la mairie dudit *Herlebacq*, pour ce qu'il auoit la charge desdites rentes et reuenues audit lieu de *Herlebacq*, depuis x ans ença, et encoires l'a de present, pour mondit seigneur, lequel a en ladite seignorie d'*Ortemberg* les autres droictures et reuenues, telles que les a declairées ledit *Ance Mayer*, chastellain, pour sa despense cy deuant escripte, et se rapporte, lui qui parle, à ce que desdites rentes et reuenues de *Herlebacq* est escript et declairé en ses deux comptes dudit *Herlebacq* de deux années finies à la Saint Martin d'iuer mil cccc lxxij, et n'en scauroit plus auant depposer que ce que en est escript en la despense dudit chastellain et que le contient ceste sa presente depposicion.

94° Interrogué s'il deuoit aucune chose de reste de sadite recepte dudit *Harlebacq*, au temps de la conqueste [Fol. 35, r°] dudit *Ortemberg*, dit qu'il deuoit enuiron xxj liures, monnoye dessusdite, qu'il paya audit messire *Pierre de Haccambacq*, qu'il les distribua aux compaignons de guerre qui furent à ladite conqueste, comme lui a ouy dire.

95° Et au regard des gaiges dudit capitaine ou chastellain dudit *Ortemberg*, il en deppose tout ainsi que en a fait *Ance Mayeur*, escuyer, premier tesmoing cy deuant nommé. Et plus n'en scet.

96° *Jehan Fistre* dit *Fournier*, preuost de *Chierville*, eiaigé d'enuiron xlj ans, interrogué sur le fait desdites rer… s et reuenues et autres droictures de mondit seigneur er ladite seignorie de *Ortemberg*, dit et deppose, par le s…ment qu'il a à mondit seigneur, [v°] en sauoir tout ainsi et par la forme et maniere que en a depposé ledit *Ance Mayeur* et aussi ledit maire de *Villers*, excepté au regard de la charge de sa recepte en ladite preuostey, sur quoy il dit que a mis par escript et declairacion à la verité toutes les rentes et reuenues appartenant à mondit seigneur en icelle preuosté, lequel compte est pour vng an commençant à la Chandeleur mil cccc lxx et finissant audit jour mil iiij^clxxj. Et ne scet pas que mondit seigneur ait en ladite preuostey aucunes rentes ou reuenues, fors que celles declairées en soindit compte. Bien dit il que l'on a accoustumé en ladite preuostey, quant aucun y est trouué menant femme qu'il dit estre sa femme, et s'il est trouué du contraire, de leuer sur lui xij liures, dite monnoye, dont les huit sont à mondit seigneur et les autres au prouffit de l'eiglise dudit *Chierville*. Et en tant qu'il touche les menues [Fol. 36, r°] admendes, qui sont de cinq solz, la moitié appartient à mondit seigneur et l'autre moitié à ladite eglise, et ainsi en a veu estre tout son temps audit lieu de *Chierville*.

97° Et quant aux gaiges du capitaine ou chastellain dudit *Ortemberg*, il en deppose et dit tout ainsi et par la forme et manière que en ont dit et depposé lesdits *Ance Mayer*, chastellain ou lieutenant du chastel dudit *Ortemberg*, *Mahiel Faffelan* et *Ance Honhonfs*, tesmoings precedans.

98° Depuis lesquelles depposicions, lesdits tesmoings examinez sur le fait dudit *Ortemberg*, pour ce que je, le dit commis, ay trouué, par les comptes qui ont esté renduz par lesdits maires de *Villers*, [v°] *Hallebacq*, et preuost de *Chierville*, qui n'ont demandé aucuns gaiges à cause de leurs receptes, j'ay assenté et enquis, present ledit *Laurens* avec moy, tant par eulx mesmes comme par le dit *Ance Mayer* et autres, pour quelles causes il ne prennoient aucuns gaiges. Sur quoy m'a esté dit et respondu que c'estoit pour ce qu'ilz sont tenuz francs des tailles deues à mondit seigneur et qu'ilz ont certains autres menus droiz declairés en leursdits comptes, au moyen desquelz ils excercent et ont accoustumé excercer le fait de leursdites receptes sans gaiges.

[Fol. 37, r°] 99° Le xviij° jour dudit mois de januier, l'an dessusdit mil ccccixxij, a esté par moy, ledit commis, appellé auec moy ledit *Laurens*, examiné *Pietre Ricq*, escuyer, lieutenant de *Jacof* son filz, eschançon de mondit seigneur le duc en la chastellenie et seignorie de *Loffemberg*, et capitaine de *Rinfel*, *Secquinguen*, *Loffemberg*, *Walchoust* et la *Noire Montaigne*, eaigé de lj an. Interrogué sur les rentes et reuenues appartenant à mondit seigneur le duc, à cause des seigneuries dessusdites, dit que les rentes et reuenues de la seignorie dudit *Rinfel*, tant en demaine, c'est assauoir en tailles qui ne croissent ne descroissent, comme en dismes, pescheries, peaiges, vngal qui est à dire la gabelle, grains et gelines, peult, par communes années, valoir, chacun an, la somme de mil florins d'or ou enuiron, ja soit ce que en ladite ville de *Rinfel* mondit seigneur n'a aucune reuenue, quelle qu'elle soit, pour ce que trop longtemps, ainsi que [v°] a tousiours ouy dire, l'empereur la bailla en gaigiere au duc d'*Aulteriche*, et depuis les ducs d'*Aulteriche* ont engaigié les rentes qui leur y appartenoient en ladite ville ès mains des habitants d'illec, sans rachat. Et dit sauoir que lesdites reuenues de ladite seignorie de *Rinfel* peuent estre, chacun an, de enuiron mil florins de *Rin*, pour ce que, depuis xxv ans ença, ledit *Rinfel* et ladite seignorie a esté en gaigiere ès mains de messire *March* de *Baldek*, et après ès mains de messeigneurs de *Basle*, et a esté present, lui qui parle, à l'audicion de pluseurs des comptes qui ont esté renduz en la valeur de la reuenue d'icelle seignorie de *Rinfel* par les receueurs d'illec, par quoy a veu et sceu ladite reuenue estre telle que dit est, ja soit ce qu'il ne sauroit declairer en particulier autrement lesdites rentes.

100° Interrogué quelles droictures mondit seigneur a audit lieu de [Fol. 38, r°] *Rinfel*, dit qu'il a tousiours ouy dire notoirement que audit lieu de *Rinfel* mondit seigneur a droit que, quant il a guerre oudit pays, les habitans dudit *Rinfel* sont tenuz de le seruir en ses armées en icellui pays, ne scet à quel nombre de gens. Et aussi sont tenuz de lui faire ouuerture de ladite ville toutes et quantes fois qu'il lui plaist, ou à ses officiers, soit de jour, ou de nuyt, et que, par temps de guerre, mondit seigneur leur peult faire ayde selon leur faculté, et ainsi est accoustumé du temps passé. Et auec ce, se mondit seigneur vouloit reedifficier le chastel dudit *Rinfel*, qui est du tout defect de longtemps, les habitans de la seignorie dudit *Rinfel*, c'est assauoir des villaiges alentour, qui sont ou nombre de plus de xl villaiges, dont les plus loingtains sont à trois lieues d'*Alemaigne* près dudit *Rinfel*, seroient tenuz de mener et charroyer oudit chastel bois, pierre et toutes autres matieres necessaires pour le redifier et le mettre sus, et le scet pour ce que ainsi l'a veu par la reddicion desdits comptes, et ne scet pas que les habitans dudit *Rinfel* y soient autrement tenuz sinon par courtoise.

[v°] 101° Interrogué quelle auctorité mondit seigneur a en ladite ville et seignorie de *Rinfel* sur crimineux et autrement, dit que de tous cas, quelz qu'ilz soient, qui aduiennent en ladite ville de *Rinfel*, la congnoissance, pugnicion et correccion en appartient au preuost dudit *Rinfel*, et à la ville dudit *Rinfel* competent et appartiennent toutes amendes et confiscacions qui peuent aduenir en ladite ville.

102° Et au regard de tous cas criminelz et autres qui aduiennent en la seignorie et és villaiges à l'entour dudit *Rinfel*, la congnoissance et pugnicion en appartient aux gens et officiers de mondit seigneur, lequel a accoustumé d'y prendre toutes amendes et confiscacions à son prouffit, ainsi que lui qui parle l'a veu par lesdits comptes.

103° Dit oultre que les habitants desdits villaiges sont tenuz de affouer de bois le chastel dudit *Rinfel*, s'il estoit en reparacion,

[Fol. 39, r°] 104° Dit oultre que audit lieu de *Rinfel* a vng très bel pont sur le *Rin*, à cause duquel mondit seigneur prent tout droit de peaige, et les habitans dudit lieu y prennent vne maille, monnoye de *Basle*, qui valent vne obole tournois, sur tous marchans et autres qui y passent, excepté sur gens d'eglise, nobles et officiers du prince.

105° Interrogué s'il y a aucuns bois portans paisson appartenant à mondit seigneur, à cause de ladite seignorie de *Rinfel*, dit que, assez près de la porte dudit *Rinfel*, par deça le *Rin* a vng bois nommé la *Hart*, contenant enuiron demie de lieue de long et vng quart de lieue de large, qui porte paisson, que les habitans dudit *Rinfel* dient à eulx appartenir, et ne scet s'il appartient à mondit seigneur ou nom, excepté que le chastellain dudit *Rinfel* pour mondit seigneur y peult mettre xxx porcs en temps de paisson, ainsi qu'il a ouy dire, et autrement ne le scet, car il n'en a riens veu estre contenu és comptes dudit *Rinfel*, et n'y scet autre bois de chauffaige ne autre que cellui dessusdit.

[v°] 106° Interrogué se en ladite seignorie de *Rinfel* a aucune riniere appartenant à mondit seigneur, dit que ouy, c'est assauoir *Zisselle*, que l'on admodie iiij ou v florins de *Rin* par an, et qui sont comprins en la valeur dudit *Rinfel*, dont cy deuant il a depposé, de laquelle admodiacion le receueur dudit *Rinfel* prent la moitié au prouffit de mondit seigneur, et le chastellain de *Loffemberg* l'autre moitié à son prouffit.

107° Et en tant qu'il touche la ville et abbaye de *Sechinguen*, ledit *Pietre* dit et deppose par sondit serement que mondit[1] seigneur y a semblable droit qu'il a audit lieu de *Rinfel*, et ne seet pas qu'il y ait autre droit. Laquelle ville de *Sechinguen* est vne petite bonne ville ferme et forte, et y a vng pont qu'il appartient à mondit seigneur, dessus *Basle*, sur le *Rin*, à cause duquel il ne prent aucun peaige, mais le prennent les habitans dudit lieu pour l'entrenement dudit pont et pour ce qu'il n'y a pas grant passaige.

[Fol. 40. r°] 108° Et quant à *Loffemberg* et à la seignorie d'illec, dit que la ville dudit *Loffemberg* est vne belle bonne petite[2] ville assise sur la riuiere du *Rin*, et y a vng bel et bon chastel, s'il estoit reparé, assis sur vng rocq, et y a deux grosses tours quarrées, quatre ou cinq poilles, grandes salles et pluseurs chambres, et est la muraille garnie de bonnes et faulces brayes et galeries pour aler par dessus la muraille dudit chastel à couuert, et audit chastel appartient vng grant jardin et deux petiz joingnans à icellui, lequel chastel a grant besoing de reparer en pluseurs lieux cy après declairez, c'est assauoir il est neccessité de refaire le mur qu'il est à l'encontre de la ville et du sentier de piet ainsi que l'on monte dez la ville ou chastel, et est joingnant d'une tour de guet, et aussi les degrez qui estoient de pierre sont cheuz, et en y a reffait le chastellain des autres de bois.

[v°] 109° Item est semblablement neccessaire de reffaire la planche qui se lieue dez les degrez encontre la porte, affin que nulz ne puisse approcher ledit chastel du costé de ladite ville.

110° Item est de neccessité de refaire le mur qui est con-

---

1 En marge même écriture : *Sechinguen*.
2 En marge même écriture : *Loffemberg*.

tre lesdits degrez, qui est fendu et cheu par terre, et aussi y fault pierre, chaulx et sanblon.

111° Item, en l'entrée de la porte, il fault vng arc de pierre auec ledit mur, qui aide à soustenir ladite tour du guet, car qui n'y mettra bien tost remede, ledit mur et ladite tour en yront tout par terre.

112° Item semblablement est necessaire de reffaire le pont leuis qui se lieue contre ladite porte, qui est pourry, et aussi faire la ferrure y necessaire.

113° Item est necessaire de recouurir les alées des murs dudit chastel et aussi de amender les cheurons de lates et de couurir de thieule en pluseurs lieux les toiz dudit chastel.

[Fol. 41. r°] 114° Item aussi fault planchier lesdites alées en aucuns lieux, car les aix sont toutes pourries, et est pour faulte de couuerture.

115° Item aussi fault recouurir la grosse tour et amender de cheurons, de late, de thieulle, car les trautaulx sont rompuz depuis la guerre des *Suich*.

116° Item est aussi necessaire de planchier en aucun lieu ladite tour, car les aix sont toutes pourries et aussi reffere les fenestres d'icelle.

117° Item, en l'antrée de ladite tour, est de neccessité de reffaire le chauffault et toys tout à neuf, car il est tout pourry, et sont attaichés les cheurons de corde, par quoy on n'y ose eler.

[v°] 118° Item la tour de dessus la porte est de neccessité de recouurir et de amander de latte et de thieulle.

119° Item le toit dudit chastel est de neccessité de recouurir et au droit de dessus la grant sale, et aussi de amender de cheurons et de thieulle, et auec ce ledit chastellain a recouuert en aucuns lieux d'aissannes de sappin, pour estre plus amplement à la soulte.

120° Item la tour neufue est besoing de recouurir et de amender, comme dessus est declairé.

121° Item vng canton qui est dessus la chambre des guetz de nuit, est aussi besoing de recouurir, car il ly pleut très fort.

122° Item ou bouleuart dudit chastel et ès deux tours [Fol. 42°, r°] du guet, l'une est très meschamment couuerte de thieulle, et l'autre tour ne l'est point. Et aussi a besoing de y faire vng caulme tout à neuf, car autrement les cheurons se pourriront.

123° Et pourront couster lesdites reparacions enuiron de v à vj° florins de *Rin*, et, s'elles estoient faictes, ladite place et forteresse de *Loffemberg* seroit en bonne et souffisante reparacion, et tenable pour la seurté des pays de mondit seigneur, et dit qu'il est bien necessaire d'y faire lesdites reparacions et la bien garder, pour ce qu'elle fait frontiere contre les pays de *Suich*, et aussi y a vng bel et grant pont sur ladite riuiere du *Rin*, ou milieu duquel est la ville de *Loffemberg*, prouchain et au dessus de *Basle* de enuiron quatre lieuez d'*Alemangne*.

124° Dit aussi que mondit seigneur, à cause de la seignorie de *Loffemberg*, a toute justice, haulte, moyenne et basse, en ladite ville et appartenances d'icelle, et lui competent et appartiennent seules pour le tout toutes confiscacions [v°] et admendes qui y peuent aduenir et escheoir, excepté d'amendes ciuilles de xxx liures balois et au dessoubz, desquelles mondit seigneur prent seulement le tiers, les habitans dudit *Loffemberg* l'autre tiers, et le complaignant l'autre tiers.

125° Dit oultre que mondit a droit et acoustumé de prendre et auoir, chacun an, de rente sur les habitans de *Quiessembach*, le jour de Saint Martin d'iuer, v florins d'or, lesquelz v florins de *Rin* le chastellain dudit *Loffemberg*, à cause dudit office, prent à son prouffit, oultre ses gaiges ordinaires ordonnez par monseigneur d'*Auteriche*, qui sont de trois cens florins par an.

126° Item vne liure balois, que doiuent les habitans de *Quiessembacq*, chacun an, que ledit chastellain prent semblablement à son prouffit, pour sa penne de aider à gaigier lesdits habitans.

127° Item vne liure balois que doiuent les habitans de *Mestoh* et que ledit chastellain prent semblablement à son prouffit.

128° Item xij solz, dite monnoye, que ledit chastellain prent à son prouffit, et que les habitans dudit *Mestoh*, qui sont hommes de l'abbesse de *Sechinguen*, doiuent, [Fol. 43, r°] chacun an, à cause de leurs heritaiges dudit lieu qui sont francs.

129° Item x solz deuz, chacun an, par ladite abbesse sur ses maisons dudit *Loffemberg*, que ledit chastellain prent à son prouffit.

130° Item de chacun feu dudit villaige de *Mestoh*, chacun an, vne geline au terme de vendanges, et vne autre geline à Karesme.

131° Item sur chacun feu du villaige de *Quiessembach*, chacun an, vne geline à Karesme, au pris d'une embreseigne.

132° Item de chacun feu du villaige de *Cheualeloch* vne geline, chacun an.

133° Item de chacun feu, du villaige de *Questain*, deux gelines, c'est assauoir en vendanges vne geline, au pris de trois ou quatre rappes, et les autres à Karesmentrant, au pris d'une embreseigne, lequel que mieulx plaist à mondit seigneur ou à son chastellain, et ne scet le nombre des feux.

134° Item *Mathieu Martin*, dudit *Loffemberg*, chacun an, quatre gelines, au pris que dessus, à cause des prez qu'ilz tient des prez de mondit seigneur près du bois de la *Hart*.

135° Item trois oisons deuz, chacun an, à mondit seigneur par *Hance Scat*, le jour de Saint Martin, sur vng sien prey [v°] qu'il tient près du villaige de *Questal*.

136° Item deux faulx de prey assis au dessoubz du bois de *Hart*, emprès cellui de mondit seigneur, qui sont de petite valeur.

137° Item mondit seigneur a droit et accoustumé de prendre et auoir d'un chacun habitant de *Mestoh* et de *Gallesinguen*, chacun an, au temps de moissons, c'est assauoir de chacun aient charrue vne gerbe de blé.

138° Item de chacun habitant aient charrue des lieux de *Lappestal* et *Souastrelan* aussi vne gerbe de blef.

139° Item de chacun habitant du villaige de *Soulses* et *Bruchies* aient charrue vne gerbe de blef.

140° Item chacun habitant de *Quainstain* et d'*Itendalie* aient charrue vne gerbe de blef.

141° Item mondit seigneur a accoustumé de prendre et auoir, chacun an, trois rappes sur chacun estrangier qui vient demourer esdits lieux, et qui n'a point de charrue ne labouraige, trois rappes.

142° Item a accoustumé mondit seigneur de prendre et auoir, chacun an, le quart d'une mesure de blef, xij mesure auene, deux gelines et xxx oefz sur vng prey assis en la ville de *Busche*, ne scet combien il contient. Tous lesquelz droiz dessusdits [Fol. 44, r] le chastellain dudit *Loffemberg* a accoustumé de prendre et auoir à son prouffit, comme estans de ces droiz, ainsi que dit ledit depposant.

143° Dit oultre que en ladite seignorie de *Loffemberg* a trois petites riuieres ou ruisseaux, l'une appellée *Meslo*, l'autre *Questaing*, lesquelles ne admodient point, pour ce qu'elles sont si petites que n'y vient que menu poisson, et l'autre appellée la riuiere *Rinsolles* et de *Soullefs*, laquelle riuiere ne se admodie point pour les causes dessusdites.

144° Dit aussi que l'on admodie communement la riuiere de *Zisselles* assise en la seignorie de *Rinfel*, ainsi que cy deuant l'a depposé, et prent lui qui deppose la moitié de ladite admodiation à son prouffit, et le receueur dudit *Rinfel* l'autre moitié au prouffit de mondit seigneur.

145° Dit oultre que asés prez dudit *Loffemberg*, enuiron vng quart de lieue, a vng bois appartenant à mondit seigneur, [v°] et ont accoustumé les habitans dudit *Loffemberg* d'y mettre, en temps de paisson, tel nombre de pores qui peuent despendre en leurs mesnaiges franchement, et n'en y peuent mettre aucuns pour vendre, sur peine de trois solz d'amende. Et s'il y a plus grande paisson qu'il n'est necessaire ausdits habitans de *Loffemberg*, les habitans des villaiges de ladite seignorie ont accoustumé d'y mettre leurs porcs, en payant, pour chacun porc, vne mesure auene au prouffit dudit chastellain. Et ce aucun est trouué mefaisant dudit bois, il est admendable aussi de iij solz, que lieue ledit chastellain à son prouffit.

146° Dit aussi que près dudit bois de la *Hart* a deux prez en deux pieces contenant ensemble enuiron xv faulx, que doiuent faulchier les habitans des villaiges de *Questain* et de *Mesto*, en leur donnant à boire et à mangier, et a accoustumé ledit chastellain dudit *Loffemberg* prendre l'erbe dudit prey pour la despense de ses cheuaulx.

[Fol. 45, r°] 147° Dit oultre ledit depposant que les habitans dudit *Loffemberg* ont accoustumé bailler audit chastellain, ou mois de may, chacun an, xx solz balois, et à la Saincte Croix autre vint solz balois, à cause du vin que l'on vend à tauerne audit *Loffemberg*, et ledit chastellain a accoustumé de leur bailler semblable somme pour leurs estraines le jour de Nouel.

148° Dit encoires que chacun des habitans aiens chars ou charrette et cheuaulx, des lieux de *Questain* et de *Mesto*, ont accoustumé et sont tenuz charroyer et amener, à chacune des quatre festes principales de l'an, c'est assauoir chacun d'eulx, vne charretée de bois deuant la porte dudit chastel de *Loffemberg*, et ledit chastellain est tenu de bailler à chascun d'eulx vne miche de pain.

149° Dit oultre que, en ladite seignorie de *Loffemberg*, c'est assauoir entre vng lieu apellé *le Viez Pont* et *Obstain*, sont pluseurs terres qui souloient estre en labeur et qui sont en ruyne et buissons, dont l'on ne sauroit auoir vne [v°] geline de rente par an, pour ce que ce sont poures et meschans terres, aussi vng gentilhomme nommé *Criez* dit qu'elles lui appartiennent, et ledit chastellain pour mondit seigneur dit le contraire.

150° Dit aussi que l'on a accoustumé admodier vne place estant audit *Loffemberg*, pour tenir jeu de cartes et autres, mais lui qui parle ne le point admodie et n'en vouldroit riens auoir.

151° Dit oultre que à mondit seigneur appartiennent vng courtil près du chastel dudit *Loffemberg*, le jardin deuant la porte de *Vassan* sur le grant chemin de *Rinfel*, et le jardin de *Quaissemaire*, lesquelz lui qui deppose tient pour son mesnaige, aussi sont il de bien petite valeur.

152° Dit encoires que de tout le poisson qui se prent en la riuiere du *Rin* entre *Loffemberg* et *Walchaust* ledit [Fol. 46, r°] chastellain a accoustumé de le prendre et auoir à son prouffit pour le tier, les habitans dudit *Wallechoust* pour vng tiers, et les pescheurs pour l'autre, et n'a l'on point accoustumé de le vendre ne admodier, pour ce que ladite riuiere du *Rin* est franche.

153° Interrogué se ou chastel dudit *Loffemberg* mondit seigneur y a aucune artillerie, dit que oy, c'est assauoir xxvj couleuurines, tant grandes que petites.

154° Item vne quaque de pouldre de canon couleuurines ensemble pluseurs plombées.

155° Item deux crennequins de corne sans corde, garniz de cramaillie, et certain nombre de traict d'arbeleste ferré estant en vng coffre.

156° [1] Dit oultre que à mondit seigneur compete et appartient la ville de *Wallechoust*, qu'est vne bonne ville ferme, aussi bonne ou milleur que *Hanguesscey* et habitée par pluseurs gens de bien et de grandes facultés, [v°] et y a pluseurs rentes et reuenues qui souloient appartenir au prince et qui sont en gaigiere ès mains desdits habitans. C'est assauoir les peaiges, les amendes et la taille, qui peuent valoir par an de iiij à v° florins de *Rin*, et ne scet pas que mondit seigneur y ait aucuns droiz à present, fors que l'obeissance de ladite ville.

157° Dit aussi que à mondit seigneur compete et appartient vne autre petite ville nommée *Henstain* en la *Noire*

---

1. En marge, même écriture : *Wallechoust*.

Montaigne[1], sur la riuiere du *Rin*, près d'enuiron vng quart de lieue dudit *Loffemberg*, close de pourc cloison, combien qu'elle est en fort pays de montaigne, et n'y a que enuiron huit ou dix feux. Et y a deux chasteaulx, l'un prouchain de l'autre, plus près que d'ung rux de pierre, l'un appartenant à mondit seigneur, et l'autre appartenant à *Guillaume* de *Criez*, assis sur vng rocq sur ledit *Rin*, lequel *Guillaume* le tient de fied de mondit seigneur. Ouquel chastel de mondit seigneur n'a demorance que pour [Fol. 47, r°] vng receueur, car il n'y a que vng poille, vne chambre et estable pour deulx ou trois cheuaulx, auec une grosse tour quarrée qui est en grant ruyne, et est la principale place dudit pays de la *Noire Montaigne*. Desquelles villes et chastel mondit seigneur a la plainne joyssance, ensemble d'aucunes des rentes y appartenant, lesquelles il ne sauroit declairer. Bien scet il que vng nommé *Hance Meleur*, muegnier, depuis vng an ença ou enuiron, s'est entremis et entremet de la recepte desdites rentes et reuenues, et ainsi l'a veu, et que à ladite seignorie de *Haustain* competent et appartiennent enuiron huit bons villaiges, où il peult auoir plus de iij˟ feux, et x ou xij autres villaiges, chacun de trois ou quatre feux.

158° Interrogué s'il scet aucunes mines de fer en aucunes des seignories dessusdites appartenant à mondit seigneur, dit que non, dont mondit seigneur ait la joyssance.

[v°] 159° Interrogué quelz gaiges les chastellains ou capitaines de *Lanser*, *Ortemberg*, *Tanne*, *Anguesscey* et autres places dessusdites ont accoustumé auoir, chacun an, à cause desdits offices, dit qu'il a veu pluseurs chastellains, depuis xl ans ença, audit lieu de *Tanne*, lesquelz prenoient de gaiges de monseigneur d'*Aulteriche*, les vngs iiij˟ liures balois et les autres iij˟ florins de *Rin*, pour ce qu'il fault grant quantité de bois pour le chauf-

En marge, même écriture : *Haustain*.

faige dudit chastel et que le chemin est long et bien greuable à y monter pour y mener bois. Et au regard des places de *Anguesscey*, *Lanser* et *Ortemberg*, dit que, sont passés xl ans, lesdites places ont esté mises et tenues en gaigieres, et n'a pas sceu qu' il y ait eu aucuns capitaines ou chastellains à gaiges, ains les tenoient les seigneurs gaigiers, sans y auoir capitaine ou chastellain à leur gaiges.

160° Interrogué quelz gaiges il lui semble que pourroient auoir les capitaines ou chastellains dudit *Ortemberg*, *Lanser*, [Fol. 48, r°] et *Anguesscey*, dit que, au regard dudit *Anguesscey* les bailliz de *Ferrales* ont accoustumé de tenir ledit chastel. Et a ouy dire que, auec leurs gaiges de bailli, ilz prenoient le droit de la moulture du moulin que tient en gaigiere messire *Bernard de Ramesley*, et, en tant qu'il touche les gaiges de capitaine ou chastellain dudit *Ortemberg* et *Lanser*, il n'y sauroit donner aduis, pour ce qu'il ne scet de quelz gens ne de quel estat mondit seigneur y vouldroit pouruoir, ja soit ce qu'il aymeroit mieulx tenir la capitainerie de *Lanser* pour cent liures, qui est en beaul pays et près de deux lieues de *Basle*, qu'il ne feroit celle dudit *Ortemberg* pour iij cens liures par an, pour ce que la place dudit *Ortemberg* est en fort et dangereux pays, de grant garde et de grant penne à y monter, et enuironnée de places et maisons des querelleurs d'icelle, qui se donneroient voulentiers grant penne de la recouurer.

[v°] 161° Et pour ce que le chemin d'aler ausdits lieux de *Rinfel* et de *Loffemberg* est dangereux à present, comme il m'a esté dit et asseuré par ledit messire *Pierre de Haccambacq* et autres, et que le conte de *Arbrestain*, qui tient party françois, estoit à *Basle*, et lequel est fort contraire à mondit seigneur, et n'estoit audit *Basle* fors que pour enquerir et charger aucun bon pan, s'il le pouoit sauoir et trouuer à son auantaige, je ne suis osé, par le conseil mesmes dudit messire *Pierre* et d'aultres cheuailliers et gens du pays, aler, ne ledit *Laurens* aussi, en celle marche, ains y ay enuoyé *Richard de Constantinóble*, l'un des souldoyers de *Anguescey*, escripuant et parlant les deux langaiges d'*Alemaigne* et de *Bourgoingne*, et est feable à mondit seigneur, et lui ay ordonné de soy transporté esdits lieux et de sauoir et enquerir des rentes, reuenues et droictures de mondit seigneur en iceulx lieux, et de veoir et visiter, appellez maçons et ouuriers auec lui, les reparacions faictes ou chastel dudit *Loffemberg*, à quel pris elles peuent monter, et quelles reparacions y [Fol. 49, r°] sont encoires neccessaires à faire, et combien elles pourroient couster, pour me rapporter le tout à la verité. Lequel *Richard* a esté esdits lieux et m'a rapporté par escript et de bouche en effect, present ledit *Laurens*, lesdites rentes, reuenues et droictures estre telles qu'elles sont contenues et declairées en la despense dudit *Pietre Ricq*, tesmoing precedant, et auec ce m'a dit et affirmé qu'il a esté oudit chastel de *Loffemberg*, et, pour ce qu'il n'y a peu finer aucuns maçons, charpentiers, ne recouureurs, il a appellez des conseillers dudit *Loffemberg*, c'est assauoir *Ance Mericossat, Jacot Singlet Claux Spichicale, Harth Lauffeur*, conseillers, et *Jacoton Moys*, scribe de ladite ville de *Loffemberg*, avec lesquelz il a veu et visité les reparacions faictes par ledit *Pietre Rich* oudit chastel, depuis vng an ençà [v°] ou enuiron que mondit seigneur en a la joissance, que peuent monter trois ou quatre liures balois. Et au regard de celles qui y sont encoires neccessaires à faire, ledit *Richard* m'a dit et affermé qu'il a trouué, par l'aduis des dessusdits conseillers, que lesdites reparacions neccessaires à faire oudit chastel sont telles que les a declairées cy deuant par sa despense ledit *Pietre Ricq*, et pourroient couster de v à vj^e florins de *Rin*, comme il lui semble, et autrement ne plus auant n'ay peu sauoir ne enquerir des choses dessusdites.

[Fol. 50, r°] 16x Le xviij^e jour de januier mil ccccl xxij, *March de Schonneberg*, escuyer, receueur de *Rinfel*, eaigé d'enuiron cinquante ans, interrogué et examiné par moy, ledit commis, appellé et present auec moy ledit *Laurens*, sur le fait des rentes, reuenues et autres droictures de mondit seigneur en la ville, terre et seignorie dudit *Rinfel*, dit qu'il ne scet pas que mondit seigneur le duc ait ne à lui compete et appartienne aucune justice, haulte, moyenne, ne basse, censes, rentes, heritaiges et autres droictures, quelles qu'elles soient, en ladite ville de *Rinfel*. Bien dit il que est tout notoire en ladite ville, ou plat pays à l'enuiron et qui est de la seignorie d'illec, et ailleurs ou pays de *Ferrates*, enciennement et très long temps appartenoit à l'empereur, lequel par gaigiere la mist en la main du duc d'*Auteriche*, qui lors estoit, et ainsi ladite ville est ville d'Empire, et a esté tellement priuillegiée par les empereux et ducs d'*Auteriche* qu'elle est demorée [v°] franche et exempte de toutes choses enuers lesdits ducs d'*Auteriche*, reserué que lesdits ducs d'*Auteriche* y ont eu toute obeyssance pour y entrer, eaulx y tenir et en yssir, ainsi qu'il leur a pleu. Et y a mondit seigneur le duc, par le moyen de ses predecesseurs, semblable droit.

163° Et sont et appartiennent toutes amendes, confiscacions et autres droictures à ladite ville de *Rinfel*, sans ce que nulz autre y participe aucunement.

164° Dit oultre que asés près de ladite ville d'enuiron le giet d'une pierre, et sur vng rocq assis ou milieu du *Rin*, souloit auoir vng chasteaul meruilleusement fort et seigneurieux, qui appartenoit au duc d'*Auteriche*, seigneur dudit *Rinfel*, lequel chastel, sont enuiron xxx ans, fut assiegé par ceulx du pays de *Suyz*, de ceulx de *Basle* et des habitans de ladite ville de *Rinfel*, lors tous alliez ensemble, et tindrent le siege l'espace d'enuiron six sepmaines, sans ce qu'ilz peussent [Fol. 51, r°] rompre la muraille dudit chastel, combien qu'ilz eussent grosse et puissante artillerie, et n'y peurent riens prouffiter jusques à ce que lesdits de *Basle* feirent admener certains engins gectans de vollée, par le moyen desquelz gectoient grosses pierres dedans ledit chastel. Force fut à ceulx qui y estoient de la rendre ausdits *Suich*, de *Basle* et de *Rinfel*, lesquelz le meirent à totale demolicion, tellement qu'il est du tout destruit, et ne le sauroit on reparer et meetre en si bon estat qu'il estoit qui ne constast v ou vj^c florins de *Rin*. Mais, s'il estoit reparé et redifiier, il pourroit porter grant prouffit au prince, pour ce que ledit rocq est fort et puissant, assis au moitan du *Rin*, et que le pont dudit *Rinfel* du cousté deuers ledit chastel est pour entrer sur ledit pont et dès ledit pont oudit chastel, combien que ceulx de la ville de *Rinfel*, ne aussi ceulx dudit chastel, ne pourroient passer par ledit pont oultre [v°] le *Rin* sans le bon que l'un de l'autre, car ledit rocq dudit chastel est decoste le pont et prouchain d'enuiron trois toises dudit pont.

165° Dit oultre qu'il ne scet pas que les franchises et priuileiges que ont lesdits de *Rinfel* soient à rachat, mais lui semble, et aussi l'a tousiours ouy dire, qu'elles sont sans raichat, pour ce qu'est ville de l'Empire, comme dit est.

166° Interrogué quelles rentes, reuenues et autres droictures competent et appartiennent à mondit seigneur ès villaiges et plat pays de ladite seignorie de *Rinfel*, dit qu'il a coulchié et fait escripre en son compte de l'année finie au xiiij^e jour du present mois de januier mil cccc lxxij[1], toutes les parties des rentes et reuenues appartenant à mondit seigneur en iceulx villaiges et plat pays hors ladite ville de *Rinfel*, [Fol. 52, r°] sans y riens delaissier de son pouoir, et dont il ait peu auoir congnoissance, excepté seulement il se est depuis nagaires aduisé qu'il a receu des habitans de *Herten, Taugroifel, Ayguesel, Missiledem, Nelloy, Seyniguen* et *Maglan*, c'est assauoir de chacun d'eulx aiant char ou charrete vne voicture de bois, à chacune des quatre bonnes festes de l'an, c'est assauoir Pasques, Penthecoste, la Toussains et Noel, dont il n'a point fait de recepte, pour ce que les chastellains et receueurs anciens dudit chastel ont accoustumé de les auoir pour leur

[1] 1473 (n. st.).

chauffaige. Toutesvoyes je, le dit commis, lui ay ordonné d'en fere recepte en son deuxiesme compte qu'il a à rendre. Lequel depposant m'a respondu que, combien que se soit son droit, neantmoings voulentiers il le feroit, et lequel affouaige peult valoir, par communes années, environ x liures balois par an, comm' il dit.

[v°] 167° Dit oultre que toutes les amendes qui peuent aduenir et escheoir en ladite seignorie de *Rinfel*, ont accoustumé de tout temps estre adiugées par les conseillers ou escheuins dudit plat pays, lesquelz en font remission de deux tiers, quant il y a cause raisonnable, et l'autre tiers demeure au prouffit de mondit seigneur, et entend, lui qui deppose, que lesdits escheuins ont puissance de fere lesdites remissions de petites amendes, c'est assauoir de neuf liures et au dessoubz, et, si elles sont de plus grant somme, il n'en peuent faire remission, mais appartiennent entierement à mondit seigneur soit en confiscacions ou autrement.

168° Interrogué quelz gaiges les chastellains ou capitaines du chastel dudit *Rinfel* et aussi de *Loffemberg*, *Ortemberg*, *Lanser*, *Anguesscey* et *Tanne* ont accoustumé auoir d'ancienneté à cause desdits, [Fol. 53, r] dit que riens n'en scet. Bien dit il qu'il a bien ouy dire que les chastellains et capitaines dudit *Rinfel*, auant la demolicion dudit chastel, souloit auoir iij^c liures balois.

169° Interrogué se en ladite seignorie de *Rinfel* a aucuns fours, molins ou estangs appartenant à mondit seigneur, dit que non, excepté vng petit estang nommé *l'Estang du Chastel*, auec vng petit courtil decoste assis près dudit *Rinfel*, la pesche duquel peult valoir en trois ans vne fois vj liures, et ont accoustumé les receueurs de mondit seigneur audit *Rinfel* de le fere empoissonner et en fere leur prouffit à cause de leur office, par quoy ledit receueur n'en a fait aucune mencion en sondit compte.

170° Et pour ce que ledit receueur, en pluseurs manieres et ouuertement, s'est declairé, en presence dudit messire *Pierre de Haccambacq* et autrement, de soy vouloir [v°]

deschargier de ladite recepte, et affin de le y mieulx entretenir et que à grant peine à present on eust en peu trouuer vng autre aussi receant qui en eust voulu prendre charge, je me suis deporté et deliberé, par l'aduis dudit bailli, de ly faire à fere recepte pour ladite année dudit estang, aussi dudit bois d'affouaige.

171° Le xx° jour dudit mois de januier, au lieu d'*Anguesscey*.

Messire *Bernard*, seigneur de *Bolleuille*, cheualier, conseiller de mondit seigneur le duc, eaigé d'enuiron cinquante ans, comm'il dit, interrogué et examiné sur le fait des gaiges des capitaines et chastellains de *Tanne, Ortemberg, Anguesscey* et *Lanser*, dit et deppose, par le serement qu'il a à mondit seigneur, qu'il a long temps, il vit estre capitaine et chastellain dudit *Tanne* vng nommé messire *Erard* de *Falstain*, cheualier et seigneur bainneret, à [Fol. 54, r] iiij° florins de *Rin* de gaiges par an, et depuis vng nommé *Roddesley*, à gaiges de v° liures balois par an, et que, consideré les dangiers des querelleurs dudit *Ortemberg* et autres gens de guerre alans par le pays, et aussi que ladite place de *Tanne* est frontiere et clef et entrée des pays de *Lorraine*, sans ce qu'il y ait autre passaige, et la grant despense qui conuient faire pour les gens de guerre qui ont garde dudit chastel de *Tanne*, tant pour leurs viures comme pour leurs gaiges et salaires, et aussi pour leur chauffaige, qui est de grant peine et de grans fraiz pour la grant montée qui y est, et qu'il conuient aler querre ledit bois loing d'illec, il ne vouldroit point auoir la charge de la garde dudit chastel de *Tanne* pour les dits iiij° florins. Et au regard des gaiges des capitaines et chastellains dudit *Anguesscey, Lanser* et *Ortemberg*, [v°] dit qu'il n'en scauroit depposer, pour ce qu'il n'y a pas veu ne sceu aucuns capitaines ou chastellains, car les seigneurs gaigiers qui ont tenues lesdites places ont prinses les reuenues d'icelles et excercé tous offices par eulx, leurs gens et seruiteurs, excepté que, par certain temps, messire *Rodof* de *Wateuille* fut capitaine et chastellain dudit *Anguesscey*, et auoit de gaiges par an cent florins de *Rin*, comme y a ouy dire. Mais toutesuoyes il ne vouldroit point auoir la charge de la garde, chastellenie et capitainerie dudit *Lanser* pour moins de deux cens florins par an, pour ce qu'il lui conuient auoir quatre ou six compaignons de guerre chacun jour à ses despens et estre continuellement occuppé à fere rason et justice à ceulx qui l'en requerront, où il a grant ressort et lontiz.

172° Messire *Herman Waldenaire*, cheualier, conseiller de mondit seigneur, eaigé d'enuiron lx ans, interrogué sur le fait desdits gaiges [Fol. 55, r°], dit et deppose en sauoir tout ainsi et par la forme et maniere que en a dit et depposé ledit messire *Bernard de Bolleuille*. Et en oultre dit qu'il ne vouldroit point prendre charge de la garde dudit chastel de *Tanne*, en la maniere que le tient ledit *Pierre de Haccambacq*, à y prendre sy grant diligence, fournir la despense et les gaiges de ceulx qui le gardent, pour v^c florins d'or de gaiges par an.

173° *Estienne de Hacambacq*, escuyer, seigneur dudit lieu, eaigé de xlviij ans, comme il dit, interrogué sur le fait desdits gaiges, dit et deppose tout ainsi et par la forme et maniere que en ont dit et depposé lesdits seigneur de *Bolleuille* et messire *Herman*, et autre chose n'en sauroit depposer.

[v°] 174° Et après ce j'ay interrogué lesdits trois tesmoings precedans, c'est assauoir messire *Bernard*, messire *Herman*, et ledit *Estienne* sur le fait des places et forteresses desdits pays d'*Anxay* et de *Ferrates*, assauoir qui sont les plus neccessaires à mondit seigneur. Et par l'aduis dudit messire *Pierre de Hacambacq*, n'en ay examinez aucuns autres, affin qu'il n'en feust bruyt oudit pays, et que aucuns ne peussent entreprendre aucune chose au contraire, au preiudice et dommaige de mondit seigneur, et pour ce qu'il lui sembloit que je ne trouueroye aucuns autres feables à mondit seigneur en ceste matiere.

175° Sur laquelle lesdits messire *Bernard*, *Herman* et *Estienne* dient [et] depposent qu'ilz ont bonne congnoissance et de pieça des bonnes villes, places et forteresses desdits pays d'*Auxay* et de *Ferrates*, et quelles bonnes villes et places qui sont les plus neccessaires à mondit seigneur pour le bien et seurté de sesdits pays d'*Auxay* et de *Ferrates*, [Fol. 56, r°] consideré le temps qui court et que les querelleurs de *Ortemberg* s'efforcent tousiours, soubz vmbre de leurs querelles, entreprendre et dommaigier lesdits pays et les subgectz de mondit seigneur, et qu'il est assés commune renommée que pluseurs s'efforcent de trouuer maniere de racheter ou fere racheter lesdites gaigieres, sont les bonnes villes et places qui s'ensuiuent: c'est assauoir la ville et forteresse de *Bergen*, que tient en gaigiere le marquis de *Baulde* pour iiij^m florins de *Rin*, lesquelles villes et chastel sont bons et bien fortifiez et bien habitez de gens de bonnes facultez et cheuances, assis à vne lieue près dudit *Ortemberg*, et y a vng grant foussé bien profond descendant ou *Rin*, qui fait limite et separacion des seignories dudit pays d'*Auxay* et de la seignorie de l'euesque d'*Estrabourg*, et est le chief et la principale ville et la premiere pour entrer oudit pays d'*Auxay*, en venant dudit pays d'*Estrabourg*, et y appartiennent pluseurs bonnes [v^s] rentes et reuenues qu'il ne sauroient declairer ne à quoy elles peuent monter.

176° Dit aussi que la seconde ville et place plus neccessaire à mondit seigneur est la ville et le chastel de *Brisac*, en laquelle ville a preuost, que tiennent en gaigiere pour v^m florins de *Rin* les habitans dudit lieu. Laquelle ville est vne moult belle ville, grande et spacieuse, assise sur le *Rin*, et y a vng bel et fort chastel, où il a vne grosse tour moult belle et fort deffensable aussi sur le *Rin*, et pourroit l'on loigier en ladite ville plus de vj^m cheuaulx, et a grant nombre d'abitans de bonnes et grandes facultez et cheuances. Et sont lesdites villes de *Brisac* et chastel les meilleures et plus fortes places qu'ilz sachent sur le *Rin*, et qui sont souffisantes pour recouurer lesdits pays de *Ferrates* et d'*Auxay*, s'ilz estoient prins par ennemis. Et si pourroit mondit seigneur auoir, à toutes heures qu'il lui plairoit, [Fol. 57, r°] deça et oultre le *Rin*, ainsi que bon lui sembleroit, pour entrer és pays de *Souane* et autres oultre ledit *Rin*, par le moyen du pont dudit *Brisac*, jusques à *Extrabourg* qu'est dessoubz ledit *Basle*, et dez ledit *Brisac* jusques à *Basle*, que dessus ledit *Brisac* n'a point de pont ne de passaige, fors que cellui dudit *Brisac*, qui tient ledit passaige du *Rin*, pour y passer ceulx que bon semble à ceulx dudit *Brisac*, et non autres. Et tiennent et croient les dessusdits que, quant mondit seigneur auroit racheté ladite preuostey, il auroit toute justice et tous exploiz et admendes en sa main, et lui feroient lesdits de *Brisac* l'obeissance plus grande sans comparoison qu'ils ne feroient tant qu'il tiendroient ladite preuostey en leur main, car, par le moyen de ce qu'ilz tiennent icelle preuostei, mondit seigneur n'y a riens fors que l'ouuerture et obeissance telle que bon semble ausdits habitans, et lui pourroient estre les exploiz [v°] et amendes de ladite preuosté de grant valeur chacun an.

177° Dit aussi que mondit seigneur a l'entiere joyssance de la ville et chastel d'*Anguescey*, laquelle ville est assés bonne, mais le chastel est en grant ruyne, parce qu'il fut brulé de feu de fortune, quant le Dalphin fut és *Allemaignes*, et ouquel chastel ledit messire *Pierre de Hacambacq* a fait refere certaines reparacions pour son logis et estat oudit chastel, qui peuent monter enuiron ij^c liures tournois, comm'il dit. Et estoit neccessaire de les faire pour ce qu'il ne sauoit où soy logier, quant il venoit audit *Anguesscey*, et toutesuoyes il lui conuient souuent venir, pour ce que les conseillers se y assemblent deuers lui, pour les affaires du pays, du moings xij fois l'an, et pour l'entretenement et conduite de la justice, combien que mondit seigneur n'y prent aucuns exploiz ou amendes, mais les prent à son prouffit messire *Bernard de Ramestey*, cheualier et [Fol. 58, r°] conseiller de mondit seigneur, comme chastellain dudit *Anguesscey*, laquelle chastellenie il tient en gaigiere pour mille florins de *Rin*, et est necessaire à mondit seigneur de racheter ladite chastellenie dudit messire *Bernard*, pour ce que, par ce moyen, les habitans dudit *Anguesscey*, qui sont gens de forte nature et de petite obeissance à mondit seigneur et à ses officiers, et que mondit seigneur n'a point de justice sur eulx, mais l'a entierement ledit chastellain, pourroient plus estre contrains en l'obeissance et subgection de mondit seigneur que ne sont de present.

178° Dient aussi que les autres places et villes desdits pays d'*Auxay* et de *Ferrates* qui seroient bien necessaires à mondit seigneur, après les trois dessusdites, sont les places de *Ferrates*, *Haulteclik*, *Beaulfort*, *Rosemont* et *Delle*, qui sont bonnes, fortes et puissantes places et de bonne revenue, qu'il ne sauroit declairer, et qui toutes sont tenues en gaigiere par pluseurs seigneurs.

[v°] 179° Messire *Bernard Armstrof*, chevalier, eaigé d'environ cinquante ans, messire *Orry Greninguel*, presbtre, curé d'*Anguesscey*, eaigé de lx ans et *March de Schonnenberg*, receueur de *Rinfel*, eaigé d'environ l ans, tous conseillers de mondit seigneur, interroguez sur lesdits gaiges dudit capitaine et chastellain de *Lanser*, dient et depposent tout ainsi et par la forme et maniere que en a dit et depposé messire *Bernard de Bolleuille* cy deuant.

180° Et au regard des reparacions neccessaires audit chastel d'*Anguescey*, je, present auec moy ledit *Laurens*, et en presence dudit messire *Pierre de Haccambacq*, l'ay veu et visité, et ne le sauroit l'on reparer pour le mettre en bon estat qu'il ne coustast iij ou iiij^m florins de *Rin*.

[Fol. 59, r°] 181° Et en tant qu'il touche la recepte de *Haustain*, dont en la despense de *Pietre Ricq* cy deuant escripte est faicte mencion, je n'y suis osé aler, pour les dangiers des chemins, comme cy deuant est escript, et combien que j'aye voulu enuoyer querir le receueur nommé *Hance Moleurl* dit *Mignier*, pour apporter ses comptes et les rendre, toutesvoyes ledit messire *Pierre de Hacambacq* m'a dit que je perdroye temps d'y envoyer, pour ce que ledit receveur ne reside pas audit *Haustain*, mais fait sa demourance en la *Noire Montaigne*, et qu'il ne lui seroit pas possible de maintenant, non pas d'icy à vng mois ou vi sepmaines, partir de sa maison, pour venir audit *Anguesscey*, à pied ne à cheual, obstant les grans niaiges qui sont ès montaignes, comme de demie lance de hault, par quoy il ne peult bonnement partir de sa maison, ne les autres du pays. [v°] Aussi et d'aultre part ledit messire *Pierre* dit, c[omme] aussi l'informacion faicte par maistres *Jehan Po[inçot]* et *Jehan Pillet* le contient, que la despense precede la recepte pour les grans charges ordinaires et de gaigiere qui sont sur ladite recepte. Et ainsi m'a falu depporter, et *Laurens* aussi, d'y pouoir aler, ce que toutesvoyes ledit *Laurens* et moy eussions voulontiers fait pour le bien et prouffit de mondit seigneur, s'il eust esté possible.

ANNEXES

I

Deux juifs de Dijon arrêtés et pillés par Walraf le Jeune, comte de Thierstein, seigneur engagiste de Florimont, se font promettre une indemnité par Jean, seigneur de Ray.

Dijon, 1390 (n. st.), 14 mars [1].

[L'an mil ccciiij xx et neuf] Le dessus dit xiiij jour [de mars]. Noble seigneur monseigneur *Jehan*, seigneur de *Ray*, cheualier, cognoit et confesse publiquement lui deuoir estre tenuz et efficalment obligié à *Joseph* de *Chinon*, juif, demorant à *Diion*, et à *Florye*, sa femme, en la somme de six vins frans d'or bon et de just pois, du coing du Roy nostre sire, pour cause de restitucion de pluseurs biens meubles et chetelx dont il ont moult et grandement esté dommaigiez et greuez, en venant du pays d'*Alemaingne* ou païs de *Bourgoigne*, par feu noble seigneur monseigneur *Valeran* june, conte de *Tyestain*, jadiz seigneur de *Florimont*, et par ses complices. Et ycelle somme de six vins frans d'or ledit seigneur de *Ray* sera tenuz et a promis, en sa bonne foy et loyaulté, par son serement donné, etc., et soubz l'expresse et especial obligacion de touz ses biens mobles et heritaiges, presens et aduenir, quelconques, et de ses hoirs, rendre et paier paisiblement,

1. Archives de la Côte-d'Or, B. 11308. Protocoles Dijon. Guy de Corsaint, 1389-1390. Fol. 149, v°, 150.

senz contredit, et senz jamais autre terme demander ne
requerir, ausdiz juif et sa femme, ou à l'un d'eulx, ou à
leur certain commendement portant ces presentes lettres,
à la feste Saint Remy prochenement venant, ensemble
touz coustz, fraiz, dommaiges, missions, interestz et des-
penz qu'ilz diront, par leur loy, senz aultre probacion, eulx
sur ce auoir faiz, soustenuz et incurruz au deffaut de la
dicte paier. Renunçant, etc. Tesmoins : *Jehan d'Arbont*,
general capitain de la *Conté* pour monseigneur le duc de
Bourgoigne, et messire *Jehan Longin*, prestre, chapel-
lain dudit seigneur de *Ray*.

II

*Description des droits du duc de Bourgogne dans
le comté de la Forêt-Noire, par Wetzel Sneitter, grand
bailli du comté.*

1469 [1]

[Fol. 168, r°] 1° Item, nach myns gnädigen herrn marg-
grauen vnd der räten beger, was emptere myn gnädiger
herre von *Burgund* vff dem *Swartzwald* zū setzen vnd
entsetzen habe ist hernach begriffen.

2° Item des ersten hat myn gnädiger herre zū setzen ein
vogt zū *Höwenstein*, der ist über all vögt uff dem *Wald*,
vnd genempt der grossuogt uff dem *Swartzwald*, vnd der
hat ächt vnd bann von dem fürsten vnd herrn, so das
land ist, uber das blūt zū richten. Und derselb vogt hat
macht vnd gewalt ander vndervögte uff dem *Swartzwald*,
zū *Schönow*, *Tolnöw* und allenthalben in der vögtye zū
Höwenstein, an myns gnädigen herrn stat, ze setzen vnd
zū kiesen. Er hat öch gewalt zū regieren tūn vnd lassen
als ob myn gnädiger herre selbs gegenwurtig were, vnd
sidmalen nūn der vogt, so ietz oder hernach ist, in namen

---

1. *Cartulaire des seigneuries gageries des pays d'Alsace et de Ferrette*,
fol. 168, 169 (Archives de la Côte-d'Or, B, 1059).

vnd anstat myns gnädigen herrn von *Burgunnd*, sol richten, so bedarff der vogt daz im der ban ouch von mynem gnädigen herrn geben werd vnd gelichen, dann das nyman anders dann der grossuogt an allen vorgenanten enden zetund gewalt hat.

3° Item den wildban in den gerichten gen *Höwenstein* gehörend hat ein yeglicher grossuogt zü schützen vnd zü schirmen, wenne im das von eim landsfürsten beuolhen wirt, als dann das vor nacherr gebrucht vnd harkommen ist.

4° Item so gehört zü der herschafft *Höwenstein* der gantz *Swartzwald*, ist ob vier tütscher myler wyt vnd breit, es syen dörffer, höff, vnd dazü die zweil tal mit namen *Schonöw* vnd *Totnow*, mit ir zügehörd, tüt vngeuarlich by tusent mannen vnd nit darunder.

5° Item aber han ich *Welzel Sneitter*, ietz grossuogt, in dem ietzigen krieg, mitt myner hand vnd den waldlüten, die vogtye *Berow*, mitt ir zügehörd, ingenomen vnd erobert, die öch mynem gnädigen herrn vnd by dem *Wald* zü beliben gesworen hand, vnd begerend öch daby ze beliben, daz ich inen öch zügesagt hab als ein houptmann desselben mals sy daby zü beliben lassen.

[v°] 6° Nota die nutzung uff dem *Swartzwald*, des ersten:

Die stür uff dem *Wald* bringt iärlich clxxiij lib. steblere.

Aber vallt in gelt vij lib. iiij s. steblere lambergelt.

Aber vallt viij lib. viij s. steblere von den wüsten gütern zü *Alapsen*.

Aber vallt in allerley gelt kleyner gult x lib.

7° Korngult.

Item lxxiiij mütt roggen.

Item xxxv mütt vnd ein fierteil habern.

8° Item das frechgelt vnd freüeln, was das wirdet oder geualt, da git ein grossuogt darumb rechnung by siner eyd.

9° Item von den landsidling vnd banckarten, was dero abgät git der grossuogt von den fällen mynem gnädigen herrn öch darumb rechnung.

10° Item nota von diser nutzung, wie obstat, gat ierlich zū zinss das so hernach stat.

Item junckherrn *Burckharten* von *Stouffen* xxxx viij lib. steblere.

Item junckherrn *Hannsheinrichen* von *Baden* xxij gulden nuor ein ort.

Item herrn *Henman Offemburg* vnd sinen erben xxx gulden vij s. viij steblere.

Item junckherrn *Petern* von *Tachsfelden* xxxiij gulden.

Summe : cxx vij gulden vij s. v den.

[Fol. 169. r°.] 11° Nota die versatzung.

Item der zoll zū *Howenstein* vnd die vischentz vnd lambergelt zum teil ist versetzt mynem herrn dem apt von *Sant Bläsien*. Wieuil aber die versatzung stand weiss ich der summe nitt, danne myn herre von *Sant Bläsien* darumb brieff hat.

Item so ist meister *Hannsen Sneitter* zū *Waltzhüt* versetzt korngült zū *Eschbach* vmb hundert gulden, nach innhalt sins briefs.

Item so hat junckherr *Willialmm* von *Griessen* öch ein pfantlechen. Was das sye ist mir nit zewissen, mag man in darumb fragen.

Item so ist versetzt die vndervogtye zū *Howenstein* vmb fünffzig gulden dem *Wernheren Geltrechingen*. Tūt ob xij stuck geltz.

Item von des silberbergs wegen zū *Tottnow* ist mir nit eigenlich zū wissen was nutzung dauon geuallt oder dauon versetzt ist.

12° Item so sind ettlich lechen vff dem *Swartzwald*, so die buren hand, wenne darumb ein mantag gesetzt vnd angesechen, so wurde man innen wer die oder wieuil dero weren.

[v°] 13° Item als dann myn gnädiger herre marggraff

mir *Wetzeln Sneitter*, grossuogt, beuolhen hat die von
Höwenstein in der vorburg in huldung zünemen, habend
sy mynem gnädigen herrn von *Burgunnd* ouch gesworen wie die andern. vnd begerend daruff inen ir fryheiten vnd gewonheiten ze confirmieren, wie sy dero danne
vor naher bestetigt sind, nach innhalt ir briefen.

III

*Avis de la chambre des comptes de Dijon
sur les résultats
de la mission de maître Mongin Contault.*

Dijon, 1473 (n. st.), 13 février [1].

[Fol. 1, r°] 1° Nostre très redoubté seigneur, très humblement nous nous recommendons à vostre bonne grace,
et vous plese sauoir, nostre etc., que nous auons receu pieça
trois voz lettres closes, les vnes escriptes le xij^e jour de
may derrenement passé, par lesquelles vous a pleu nous
mander et faire escripre que, incontinent que par messire
Pierre de *Hacambach*, vostre conseiller maistre d'ostel,
et grant bailli de voz pays de *Ferrates* et d'*Auxay*,
serions requis, vous enuoiessions deuers lui maistre
Mongin Contault, vostre conseiller et maistre de voz
comptes à *Dijon*, pour soy informer des rentes et reuenues
que vous auez et vous appartiennent en vosdits pays de
Ferrates et d'*Auxay*, tant de demainne comme autrement,
et que, ce fait, il ouyst les comptes de voz receueurs illec,
et feist leurs estas, et que, sur ce que seroit trouué par lui
de cler par lesdits estas, il feist payer et contenter vosdits officiers audit *Ferrates* de ce que leur est deu, à cause
de leurs gaiges, jusques à present. Et se ledit cler n'y

---

1. Archives de la Côte-d'Or, B, 1031. Minute, six feuillets de papier sous
ce titre : Lettres à monseigneur le duc touchant le besoingne de la commission de *Ferrates* bailliée à maistre *Jacques Pourcelot* le xve jour de
feurier mccclxxij.

pouoit satisfere, vostre plaisir estoit que, en ce cas, par *Jehan Scaghe*, commis à receuoir et fere venir ens les deniers à vous deuz en voz pays de *Bourgoingne*, nous feissions desdits deniers payer et contenter lesdits officiers entierement de leursdits gaiges du temps passé, en nous mandant au surplus, par vosdites lettres, nous fere, par ledit maistre *Mongin*, informer quelx gaiges l'on a par cydeuant payez pour les gardes et capitainneries des places de *Tanne, Lanser, Ortembergh, Annghessey* et autres places, lesquelles capitainneries vous a pleu donner et ouctroyer à vostredit grant bailli de *Ferrates*, et auec ce nous fere [v°] informer, par ledit maistre *Mongin*, des places dont vous auez besoing et que vous sont neccessaires pour les racheter, et ce que en trouuerions par lesdites informacions, auec noz aduis sur ce, vous enuoier feablement cloz et scellé, ou aux commis sur le fait de voz demainne et finances, pour après, le tout veu, en ordonner ainsi que verrez appartenir. Et par les autres voz lettres closes du xv° jour de may suigant et derrenement passé, vous a pleu nous mander, oultre et par dessus ce que dit est, que, quant par vostredit grant bailli nous serions requis, nous enuoiessions ledit maistre *Mongin* deuers lui, pour soy informer des rentes et reueuues que auez èsdits pays de *Ferrates*, tant en demainne que autrement, et qu'il feist les estas de voz officiers de recepte illec, et lui ordonnessions depar vous de paier et satisfere les reparacions desia faictes en voz places oudit pays de *Ferrates*, et sur celles qui sont neccesserement à fere il ordonnast et aduisast le plus conuenablement que fere se pourroit, et que tout ce que desia y auoit missionné feust mis par escript et apporté en ceste chambre de voz comptes. Et par les autres voz autres closes du xij° jour dudit mois de may, vous a pleu mander à nous, president, sire d'*Eschanez* et *Jaques Pourcelot*, tantost et sans delay, fere payer content par cely de voz receueurs qui mieulx fere le pourra, à messire *Jehan Herard* de *Reinache*, cheualier, la somme de C florins de *Rin* que, par appoinctement [Fol. 2, r] fait par voz officiers audit *Ferrates* auec lui, il doit auoir pour vne foiz de vous, à cause du transport qu'il vous a fait de tout le droit et action qu'il pouoit auoir et quereler en la pescherie de *Tanne*, en re couurant de lui transport souffisant de sondit droit, et tous tiltres et lettres qu'il a d'icelle pescherie, et quittance de ladite somme, en rapportant laquelle, auec vosdites lettres closes, et ledit transport, et toutes lesdites lettres, tiltres et enseignemens que ledit messire *Jehan* en auroit renduz touchant ladite pescherie, ladite somme de C florins de *Rin* seroit alouée ès comptes du receueur qui payé l'aura, par nous, gens de voz comptes, en nous mandant le ainsi fere, sans difficulté, et lesdits transport, lettres et tiltres mettre et garder, auec les lettres et chartres de vostre tresor, en vostredite chambre, en bailliant par ledit maistre *Mongin* ladite pescherie à bonne et loyele ferme à vostre prouffit, comme ces choses sont plus amplement contenues et declerées en icelles voz lettres. Depuis la recepcion desquelles, c'est assauoir enuiron le mois de decembre derrenement passé, vostredit grant bailli de *Ferrates*, à son retour et partement de vostre armée de *Bourgoingne*, et après les nouuelles des presentes tryeues, en passant par ceste ville pour soy retourner en vosdits pays de *Ferrates* et d'*Auxay*, nous toucha des matieres dessusdites et nous requist enuoier deuers [v°] lui, en vosdits pays de *Ferrates*, ledit maistre *Mongin*, auquel maistre *Mongin* vostredit bailli et nous parlames, affin qu'il se disposast de aler èsdits pays, pour executer et exploicter les charges dessusdites. Mes, pour ce que ledit maistre *Mongin* estoit lors giesant malade d'une sienne jambe et se pensa qu'il ne lui estoit pas possible de lors pouoir monter à cheual, ne prendre ladite charge, nous preismes jour et appoinctasmes auec vostredit grant bailly de ly encontrer ledit maistre *Mongin* deans le iiij jour de januier derrenement passez, au lieu *Tanne*. En assignant lequel appoinctement, nous auons fait fere et expedier commission audit maistre *Mongin*, ayant auec lui *Laurens Blanchart*, clerc et auditeur de vosdits comptes. Icelli maistre *Mongin*, tout ainsi malade qu'il estoit, se partit de ceste vostre ville de *Dijon*, et ledit *Laurens* auec lui, et aussi *Nicolas de Courbeton*, cheuaulcheur de vostre escurie, pour le gouuerner et soy en ayder, en besoingnant en ladite commission, le lendemain de Noël derrenement passé.

[Fol 3, r°] 2° Et nous a ledit maistre *Mongin* fait rapport qu'il a fait informacion desdites rentes et reuenues, tant de demainne que autres, à vous deues et appartenans esdits pays de *Ferrates* et *Auxay*, et dont vous auez et tenez la possession et joyssance, et des gaiges des capitaineries que auez données audit messire *Pierre*, et aussi des gaiges de voz officiers de recepte de par delà, et auec ce du fait de ladite pescherie, et des reparacions faictes ès places et forteresses tenues et possedées depar vous en iceulx pays, et de celles qui y sont encores neccessaires à fere, et en oultre des places qui vous sont neccessaires à racheter, et a ouyz les comptes de vosdits officiers de recepte èsdits pays, c'est assauoir de *Tanne*, de *Ortemberg* et de *Rinfeld*, des années dont ilz auoient à compter depuis les temps que en auez eu la reelle possession, et a fait les estas desdits officiers sur lesdits comptes, et auec ce a fait estat à vng chacun de vosdits officiers de recepte pour ceste presente année que finira mil iiij^c lxxiij. [v°] En oultre ledit maistre *Mongin* nous a dit et rapporté que voz officiers de recepte de *Tanne* et de *Rinfel*, après l'audicion de leursdits comptes et estas faiz, se sont voulu descharger desdits offices de recepte, mais, pour ce que lesdits deux officiers lui semblent estre gens de bien et loyaulx enuers vous, et qu'ilz ont rapporté en recepte de leursdits comptes plus auant de reuenues qu'il n'a trouué par ladite informacion, et aussi que à peine à present pourroit l'on trouuer gens souffisans ne receans qui en voulsissent prendre la charge, il a trouué moyen, par l'aduis dudit messire *Pierre*, que lesdits deux officiers ont esté contens de encores pour ceste année exproiter lesdites receptes et offices, c'est assauoir ledit receueur de

Tanne, moyennant ce que ce soit vostre bon plaisir de lui fere taux de lx liures tournois de gaiges par an, comm' il appert par son compte, auec sa robe de quatre florins de *Rin* et ses menuz droiz des amendes qui sont de v solz, et cellui dudit *Rinfel*, moyennant que vous lui ordonneriez, se sc'est vostre plaisir, pour ceste année et autres années suigantes, soixante deux florins de *Rin* de gaiges, combien que ledit messire *Pierre* lui eust ordonné l florins de *Rin* de gaiges par an, dès lors qu'il print la charge de ladite recepte. Et soubz ceste assurance lesdits deux receueurs se sont chargiez de l'exproictier desdits offices pour cestedite année, car autrement, et se n'eust esté par bons moyens et doulces paroles et remontrances, lesdits deux receueurs se vouloient deschargier desdites receptes. Et combien que ledit maistre *Mongin* ait assentu deuers ledit messire *Pierre* et autrement de trouuer gens souffisans et receans pour prendre charge desdites receptes, au deffault et on lieu des dessusdits deux receueurs, neantmoins il n'en a peu aucun trouuer. Et au regard des trois maires qui ont la charge de la recepte de la seigneurie de *Ortemberg*, lesquels n'ont aucuns gaiges, ilz [Fol. 4, r°] s'en sont semblablement voulu deschargier, mais, par gracieuses remonstrances, ilz ont esté contens d'auoir encores la charge de la recepte dudit *Ortemberg*. Et quant à noz aduis sur les matieres dessusdites, Nostre très redoublé seigneur, soubz vostre très noble correction, veue ladite informacion, nous semble, consideré la nature du pays, et veuz aussi lesdits comptes et estas apportez par ledit maistre *Mongin* en ceste chambre des comptes, le double desquelx nous vous enverrons auec ladite informacion, que ledit maistre *Mongin* y a besoingnié le mieulx et le plus diligemment qu'il lui a esté possible, et que lesdits officiers de recepte ont plus rendu par leursdits comptes des rentes et reuenues à vous appartenantes en iceulx pays de *Ferrates* et d'*Auxay* qu'il n'en a trouué par ladite informacion, tant en demaine que autrement, et que pour ceste fois il a esté necessaire et expedient de passer et allouer ausdits officiers de receple les parties de despense couchées en leursdits comptes, ja soit ce qu'ilz n'aient fait apparoir d'acquitz souffisans, ne garder l'ordre de compte tel qu'il est accoustumé de fere en voz pays et seigneuries de pardeçà, et y a besoingnié ledit maistre *Mongin*, present et appellé auec lui ledit *Laurens*, par l'aduis dudit grant bailli et selon certains aduis, deliberacions et instructions que lui auons bailliés par escript, pour plus seurement besoingnier à l'audicion desdits comptes, à cause de certaines difficultez et aduertissemens à nous bailliez par escript par ledit maistre *Mongin*. Toutesfois les charges raisonnables ont esté et sont appostillées en iceulx comptes, ainsi qu'il lui a semblé estre neccessaires à fere.

3° Et au regard des estas de vosdits officiers de recepte, iceulx estas ont esté faiz, tant au regard de leursdits comptes comme pour la presente [v°] année, ainsi qu'il a esté trouué que fere se deuoit, veuz lesdits comptes ouyz par ledit maistre *Mongin*, le double desquelx nous vous enuerrons semblablement. Et en tant qu'il touche le paiement de voz conseilliers et officiers oudit pays de *Ferrates*, c'est assauoir desdits conseilliers du lantscribe et de deux chenaulcheurs de vostre escuerie, après l'audicion des comptes de vosdits officiers de recepte, et en faisant leursdits estas, ledit maistre *Mongin* leur a fait fere paiement, sur les deniers du cler desdits estas, sur ce qui leur estoit deu à cause de leurs gaiges du temps passé jusques à present, si auant qu'il a trouué estre possible de le fere, ainsi qu'il appert par lesdits estas, par lesquelz aussi appert de la reste qui leur est deue de leursdits gaiges, et, oy sur ce le rapport dudit maistre *Mongin*, et par l'aduis dudit messire *Pierre*, soubz correction que dessus, nous semble estre neccessaire de les entretenir, et paier, chacun an, de leurs gaiges, pour la conduite et entretenement des places et seigneuries dont vous auez la joïssance et possession esdits pays, et affin que par leur moyen vous puissiez plus facilement paruenir au rachat d'aucunes autres places et seigneuries tenues en gaigiere oudit pays.

4° Et au regard des gaiges des capitaineries de *Tanne*, *Ortemberg*, *Hamguessey* et *Lanser*, qu'il vous a pleu donner audit messire *Pierre*, nous semble, soubz correction que dessus, veue ladite informacion [Fol. 5, r°] et oy le rapport dudit maistre *Mongin*, que, pour le mieulx, se se'est vostre bon plaisir, vous pourrez ordonner audit messire *Pierre* pension chacun an de huit cens florins de *Rin*, pour la garde desdites quatre places, sans lui fere autre tauxe de gaiges et jusques à vostre bon plaisir, afin que cy après autres capitaines ou chastellains desdites places ne se puissent fonder sur lesdits gaiges de capitaines et chastellains, et mesmement considéré que lesdites places sont de grant garde et de grans fraiz à garder, comme le contient amplement ladite informacion.

5° Et quant aux places et forteresses qui vous sont les plus neccessaires à racheter, veue ladite informacion et oy le rapport dudit maistre *Mongin*, nous semble, soubz correction que dessus, que les places, villes et seigneuries de *Berquen*, *Brisac* et *Hanguessey*, qui sont en gaigiere pour environ x^m florins de *Rin*, comme l'on pourra savoir par ledit messire *Pierre*, pour le present vous sont les plus neccessaires, et vous pourroient estre les plus prouffitables pour la garde, seurté et deffense de vosdits pays de *Ferrates* et d'*Auxay*, se voz afferes le pouoient bonnement supporter. Et quant vostre bon plaisir seroit de racheter les villes, places et forteresses de *Ferrates*, *Haultcelik*, *Belfort*, *Rosemont*, *Delle*, *Maisonval*, et autres desdits pays de *Ferrates* et d'*Auxay*, vous y pourriez auoir belle et grande reuenue chacun an nectement et seruice de grant nombre de gens de guerre. Et aussi les habitans et les sugectz desdits pays en seroient enuers vous en plus grant subiection et obeissance qu'ilz ne sont à present et qu'ilz ne seront jusques ledit rachat entier sera fait. En faisant lequel rachat entier, vous pourriez auoir aucun ayde de voz subgeetz de tout ledit pays pour ayder à supporter la charge dudit rachat.

[v°] 6° Et au regard des reparacions faictes èsdites places de *Tanne, Ortemberg, Hamguessey* et aussi de *Loffemberg*, elles sont declarées, auec la despense d'icelles, èsdits comptes de *Tanne* et *Ortemberg*. Et au regard de celles de *Hamguessey* et *Loffemberg*, elles sont declarées en ladite informacion, et semblablement y sont declarées celles qui y sont encores neccessaires à fere, et combien elles pourront couster à fere en icelles forteresses. Et, soubz correction que dessus, vous ferez bien de les fere à fere et parfere pour le bien et seurté desdites places. Et en tant qu'il touche la pescherie que tient en vostre riuiere de *Tanne* messire *Jehan Herard*, cheualier, et dont ledit maistre *Mongin* auoit charge et ordonnances de rachat pour cent florins de *Rin*, ledit maistre *Mongin* s'en est informé, comme il appert par ladite informacion, laquelle veue, soubz correction que dessus, nous semble que vous ne pourriez auoir prouffit à fere ledit rachat, attendu la valeur de ladite pescherie, laquelle, veue ladite informacion, ne pourroit valoir par an plus de xxx ou xl solz tournois, et la somme dudit rachat qu'est de c florins semble estre souffisante pour auoir et acheter rente de plus grant reuenue. Auec ce ledit messire *Jehan* quiert et veult, moyennant ledit rachat, deschargier sa maison dudit *Tanne* du fied dont il la chargea, quant ladite riuiere ly fut baillée, aussi ledit maistre *Mongin* n'y a peu riens besoingnier, obstant ce qu'il n'eut sceu où prendre lesdits deniers à present. Et nous semble qu'il y a besoingnié ainsi qu'il appartenoit. [Fol. 6, r°] De toutes lesquelles choses, Nostre, etc., nous vous aduertissons, vous suppliant très humblement qu'il vous plaise sur le tout auoir vostre bon aduis et y fere et ordonner au surplus selon vostre bon plaisir.

7° D'autre part, Nostre etc., ledit maistre *Mongin* nous a requis, après sesdites relacion et rapport, lui faire tauxer et auoir paiement des vacacions oudit voiage et commission tant de lui comme desdits *Laurens Blanchart* et *Nicolas Courbeton*, où chacun d'eulx a vaqué par xxxvij jours entiers, sans ce que ledit maistre *Mongin* ait receu sur sesdites vacacions vng seul denier. Et au regard desdits *Laurens* et *Nicolas*, ilz ont receu oudit pays de *Ferrates*, sur leursdites vacacions, comme l'on verra par l'estat des comptes des maires et receueurs d'*Ortemberg*, pour ayder à supporter leurs despenses, c'est assauoir ledit *Laurens* xx frans et ledit *Nicolas* xij frans. Ainsi leur seroit deu le surplus. Mès, pour ce que de vous nous n'auons sur ce aucune ordonnance, nous n'auons aucune chose appoinctié ne ordonné sur lesdits tauxe et payement de leursdits voiaiges, ains les auons remis et renuoyez deuers vous, pour y ordonner et fere selon vostre bon plesir, en vous aduertissant et certiffiant, Nostre, etc., que, auant le partement dudit maistre *Mongin* et au temps de sondit partement de ceste ville pour aler oudit voiaige, il estoit très griefment malade d'une sienne jambe, par accidant d'une playe qu'il y auoit et qui n'est encores guerye, et toutesuoyes, pour vous obeir et seruir, il a prins peine et charge de fere tel voiaige, [v°] et si appert par soi qu'il y a fait bonne et grande diligence, et si auoit vne bonne mule qui ly estoit bien propre, consideré son eaige, et de laquelle il auoit reffusé c escuz d'or, comme il nous a affirmé, que a esté naurée oudit voiaige. Ausquelles choses, se c'est vostre très noble plaisir, vous pourrez auoir regard, affin de lui donner couraige, et vous tousiours seruire de bien en mieulx, ainsi qu'il nous semble, et que par effect il a monstré, consideré sa maladie, il en a bien le vouloir. Et pour ce que ledit maistre *Mongin* nous a dit qu'il vous fait sur ce vne très humble requeste, Nostre, etc., nous vous supplions très humblement qu'il vous plaise l'auoir pour recommandé en vostre très noble grace, et sur le contenu de sadite requeste fere et ordonner le mieulx que vostre bon plaisir sera.

Nostre etc., nous prions au Benoit Filz de Dieu que, par sa saincte grace, vous ait en sa très saincte garde et donne bonne vie et longue et accomplissement de voz très nobles desirs. Escript en la chambre de voz comptes à *Diion*, le xv° jour de feurier miiij° lxxij[1].

8° A Nostre, etc., monseigneur le duc de *Bourgoingne*.

Voz très humbles et très obeissans subgeetz
et serviteurs les président de *Bourgoingne*,
seigneur d'*Eschanez*, *Jacques Pourcelot*,
voz commis en voz pays de *Bourgoingne*
et gens de voz comptes à *Diion*.

[1]. 15 février 1573 (n. st.).

TABLE
DES NOMS DE PERSONNES ET DE LIEUX

Les nombres indiquent les paragraphes. — A, Annexes.

A

Alapsen. V. *Alpsen* (Ober-Unter).
Albé ou Erlenbach. Hallebacq. Herlebach. Herllebach. Bas-Rhin, arr. de Schelestat, cant. de Villé, 65, 93, 94, 98.
Allemagne. Alemaigne. Allemagne. Allemaignes (Les). Tous les pays de langue allemande, 62, 100, 123, 161, 177. A. I.
Alpsen. Alapsen. Ober-Unter. Grand duché de Bade, nord-est de Hauenstein. A. II, 6.
Alsace. Auxay. 1, 25, 174, 175, 176, 178. A. III, 1, 2, 5.
Altechiquelle. V. *Altkirch*.
Altkirch. Altechiquelle. Haltechik. Haulteclick. Haut-Rhin, arr. de Mulhouse, chef-lieu de canton, 23, 178. A. III, 5.

Anguescey. Anguessecy. Annghessey. V. *Ensisheim*.
ARBO ou ARBON (Jean d). Arbout. Capitaine général de la comté de Bourgogne. A. I.
ARBOUT. (Jean d). V. *Arbo ou Arbon*.
ARBRESTAIN (Le comte de) V. *Eberstein*.
ARMSTROF (Bernard). V. *Harmstorffer*.
Autriche. Aulteriche. Auteriche, 5, 6, 31, 32, 44, 62, 93, 123, 130, 162, 165.
Auxay. V. *Alsace*.
Ayguesel. V. *Echsel*.

B

BADE (Margrave de). Baulde (Marquis de), 175.
BADEN (Hans Heinrich de). Damolséau. A, II, 10.
BALDECK (Marquart de). (March de). Ancien seigneur engagiste de Rheinfelden, 99.
Bâle. Basle. Suisse, 99, 104, 107, 123, 160, 161, 165, 178.
BALPERT (George), secrétaire du duc de Bourgogne, 1.
Basle. V. *Bâle*.
Bassenberg. Waseberch. Bas-Rhin,

arr. de Schelestat, canton de Villé, 65.
BAULDE (Marquis de). V. *Bade* (Margrave de).
Beaulfort. V. *Belfort*.
Belfort. Beaulfort. Haut-Rhin, chef-lieu d'arr., 178. A. III, 5.
BELMONT. Pierre de Hagenbach, seigneur de. 2.
Berau. Berow. Grand duché de Bade, Forêt Noire, près de la Schlücht, nord de Waldshut. A. II, 5.
Bergen. V. *Bergheim*.

Bergheim. Bergen. Berquen, Haut-Rhin, arr. de Colmar, cant. de Ribeauvillé, 175. A. III, 5.
Berow. V. Berau.
Berquen. V. Bergheim.
BLANCHART (Laurent), clerc et auditeur des comptes à Dijon, 1, 2, 3, 59, 61, 63, 98, 99, 161, 162, 180, 187. A. III, 1, 2, 7.
Blosse (Montagne de). V. Blossen.
Blossen. Blosse (Montagne de), com. de Thann, 37.
BLOUMENECH (Melchizer de). V. Blumeneck.
BLUMENECK (Melchior de). Bloumenech (Melchizer de), 45.
BOLLEVILLE (Bernard, seigneur de). V. Bollwiller.
BOLLWILLER (Bernard, seigneur de). Bolleville, Chevalier, conseiller du duc de Bourgogne, 171, 172-175, 177.
Bourgogne, Bourgoingne, Bourgoigne, Burgund, Burguand, 1, 2, 3, 6, 42, 45, 63, 161, A. I; II, 1, 2, 13; III, 17.
BREDIAIBE (Guillaume), receveur à Thann, 3, 42, 43, 44, 45, 46, 48.
Breitenbach. Prestebach. Bas-Rhin, arr. de Schelestat, cant. de Villé, 65.
Brisach. Grand duché de Bade, sur le Rhin, nord-ouest de Fribourg, 176, A. III, 5.
Bruche. Prux. Vosges, arr. de Saint-Dié, cant. de Saales, com. de Bourg-Bruche, 65.
Bruche (La). Prux. Affluent de la rive gauche de l'Ill, 71.
Bruchies. V. Bütz?
Brux. V. Bruche (La).
Buch. Busche? Bruchies? Grand duché de Bade, nord-ouest de Kiesenbach, 139, 142.
Busche. V. Buch ou Bütz.
Bütz. Busche? Bruchies? Suisse, cant. d'Argovie, près et au nord de Sulz, 139, 142.

C

Cernay. Haut-Rhin, arr. de Belfort, chef-lieu de canton, 21.
Charbes ou Mittelscher. Mytelchievre. Bas-Rhin, arr. de Schelestat, cant. de Villé, com. de Lalaye, 65.
CHEVANNES. Schevannes. Jean Jouard (seigneur de), 1.
Chevateloch. V. Schwederloch.
Chierville. V. Scherwiller.
CHINON (Joseph de), juif de Dijon, A, 1.
Collert. V. Colroy.
Colroy. Collert. Colroy-la-Roche, Vosges, arr. de Saint-Dié, cant. de Saales, 65.
CONSTANTINOPLE. Constantinoble (Richardde), soldat d'Ensisheim, 161.
CONTAULT (Mongin). Conseiller du duc de Bourgogne et maître de ses comptes à Dijon, 1, 2. A. III, 1-7.
COURBETON (Nicolas de), cavalier de l'écurie du duc de Bourgogne. A. III, 1, 7.
CRIEZ (Guillaume de), vassal du duc de Bourgogne pour l'un des deux châteaux de Hauenstein. V. Griessen.
CRIEZ. Gentilhomme, 119. Peut-être le même que le précédent.
CRUCHENAT (Agnus), marchand, conseiller de la ville de Thann, 44.

D

Dannemarie. Haut-Rhin, arrondissement de Belfort, chef-lieu de canton, 25.
Degerfelden. Taugroisel. Grand duché de Bade, nord-ouest de Rheinfelden, 166.

Delle. Haut-Rhin, arr. de Belfort, chef-lieu de canton. 178. A. III, 5.
DELOF (Michel), 9.
Dieffenthal. Treffetal. Bas-Rhin, arr. et cant. de Schelestat, 63.

Dijon. Côte-d'Or, 1, 2. A. 1; III, 1. 7.
DINTEVILLE (Claude de), conseiller et chambellan du duc de Bourgogne, 1.
DURAT (L.), 1.

E

EBERSTEIN (Comte d'). Arbrestain, 161.
Echsel. Ayguesel. Grand duché de Bade, nord-ouest de Rheinfelden, 166.
Ensisheim. Anguesscey. Anguesscey. Aunghessey. Hanguessey. Hanguesscey. Haut-Rhin, arr. de Colmar, chef-lieu de canton, 1, 2, 35, 47, 64, 156, 159, 160, 168, 171, 177, 179, 180, 181. A, III, 1, 4, 5, 6.
Erbenheim. Herbenchain. Haut-Rhin, arr. de Belfort, village détruit entre Aspach-le-Bas (cant. de Cernay) et Aspach-le-Haut (cant. de Thann), 4.

ESCHANNAY. Eschanelz. Eschanez (Claude de Dinteville, seigneur d'), 1. A, III, 1, 7.
Eschbach. V. Espach.
Espach. Eschbach. Grand duché de Bade, nord-ouest de Waldshut. A, II, 11.
Estang du Chastel. V. Etang du Château.
Estrabourg. Estrabourg. V. Strasbourg.
Estrées (Pertuis d'). Près Ramonchamp, 5.
Etang du Château. Estang du Chastel. Près de Rheinfelden, 169.

F

FAFFELAN (Mayer). Mahlet. Maire de Villé, 63, 90, 93, 97.
FALKENSTEIN (Erard de). Falstain. Chevalier, seigneur banneret, capitaine et châtelain de Thann (1532-1541), 171.
FALSTAIN (Erard de). V. Falkenstein.
Ferrates. V. Ferrette.
Ferrette. Ferrates. Haut-Rhin, arr. de Mulhouse, chef-lieu de canton, 1, 2, 5-16, 19, 21, 22, 23, 30, 42, 44, 47, 49, 50, 63, 160, 163, 171, 175, 176, 178. A. III, 1, 2, 3, 5, 7.

FISTRE (Jean). V. Pfister.
Florimont. Haut-Rhin, arr. de Belfort, cant. de Delle. A. I.
FLORYE, juive de Dijon. A. 1.
Forêt Noire. Noire Montaigne. Schwartzwald. Wald. Grand duché de Bade, 92, 137, 181. A. II, 1, 2, 4, 5, 6, 12.
FRANCHEPACQ (Jean de). V. Ranspach?
Fribourg. En Brisgau. Grand duché de Bade, 44.

G

Gallesinguen. V. Gansingen.
Gand. Belgique, 1.
Gansingen. Gallesinguen. Suisse, cant. d'Argovie, sud de Mettau, 137.

GELTERKINDEN (Wernher). Geltrechingen. A, II, 11.

GELTRECHINGEN (Wernher). V. Gelterkinden.

GRENINGUEL (Orry), curé d'Ensisheim, 179.
GRISSHEIM (Willialm de). Griessen, 157. A. II, 11.

GRIESSEN (Willialm de). V. Grissheim.
GUONEVAL (J.), 1.

H

HACAMBACQ. Haccambacq. V. Hagenbach.
HAGENBACH. Hacambacq. Haccambacq.
   Etienne de —, écuyer, conseiller du duc de Bourgogne, 12, 44, 173-175.
   Pierre de —, chevalier, conseiller maître d'hôtel du duc de Bourgogne, grand bailli des pays de Ferrette et d'Alsace, 1, 2, 4, 5, 22, 49-51, 62, 63, 65, 92, 94, 161, 170, 172, 174, 177, 180, 181. A. III, 1-5.
Hallebacq. V. Albé.
Hamguessey. Hanguesscey. V. Ensisheim.
Hardwald. La Hart. Forêt. Suisse, canton d'Argovie, près et à l'ouest de Kaisten, 134, 136, 146.
Hart (La). Bois, près de Rheinfelden, 105.
Hart (La). V. Hardwald.
HARMSTORFFER (Bernard). Armstrof. Chevalier, 179.

Hauenstein. Haustain. Höwenstein. Obstain? Grand duché de Bade, sur le Rhin, nord-est de Laufenbourg. 119, 137, 181. A. II, 11, 13.
Haultechiche. V. Altkirch.
Haulteclik. V. Altkirch.
Haustain. V. Hauenstein.
HAUSTAIN (Guillaume), secrétaire du duc de Bourgogne, 1.
Herbenchaim. V. Erbenheim.
Herlebach. Herlebacq. Herllebach. V. Albé.
Herten. V. Herthen.
Herthen. Herten. Grand duché de Bade, ouest de Rheinfelden, 166.
Hiberg. Montagne boisée dans la mairie de Villé, sur la route de Lorraine, 70.
Honchouat. V. Honcourt.
Honcourt. Honchouat. Abbaye près d'Ortemberg, 63.
HONHOUFS (Hans de). Hance. Honhoufs (Ance). Maire d'Albé, 93, 97.
Höwenstein. V. Hauenstein.

I

Itendalle. V. Ittenthal.
Ittenthal. Itendalle. Suisse, canton d'Argovie, sud-est de Kaisten, 140.

J

JOUARD (Jean), seigneur de Chevannes, chef du conseil et président du parlement de Bourgogne, 1.

K

Kaisten. Quainstain. Questain. Questaing. Questal. Suisse, canton d'Argovie, sud-ouest de Laufenbourg, 133, 135, 140, 146, 149.
Kaisten (La). Questaing, rivière de Kaisten, 149.

Kiesenbach. Quiessembach. Grand duché de Bade, près du Rhin, entre Hauenstein et Waldshut, 125, 126, 131.

L

Laglel. V. *Lalaye.*
Lalaye ou Lach. Lagfel. Bas-Rhin, arr. de Schelestat, canton de Villé, 63.
Landser. Langser. Lanser. Haut-Rhin, arr. de Mulhouse, chef-lieu de canton, 1, 2, 35, 47, 159, 160, 168, 171, 179. A. III, 1, 4.
Lappestat. V. *Leibstadt.*
Laufenbourg. Loffemberg. Suisse, cant. d'Argovie, sur le Rhin, 35, 99, 105, 108, 123-125, 129, 131, 112, 113, 115-153, 157, 161, 168. A. III, 6.
LAUFFEUR (Harth). Conseiller de la ville de Laufenbourg, 161.

Lebgort (Rebgarten). V. *Vignes* (Jardin des).
Leibstadt. Lappestat. Suisse, canton d'Argovie, sur le Rhin, sud-est de Kiesenbach, 138.
Lile. V. *Lille.*
Lille. Lile. Nord, chef-lieu de département, 1.
Loffemberg. V. *Laufenbourg.*
LONGIN (Jean), prêtre, chapelain du seigneur de Ray. A, 1.
LORET (Hans). Ance Loret. Ancien receveur à Thann, 9, 11, 13, 19.
Lorraine, 5, 25, 171.

M

Magden. Maglan. Suisse, cant. d'Argovie, sud de Rheinfelden, 166.
Maglan. V. *Magden.*
Maisongod. V. *Meisengott.*
Maisonval. V. *Massevaux.*
MARTIN (Mathieu), de Laufenbourg, 135.
Massevaux. Maisonval. Haut-Rhin, arr. de Belfort, chef-lieu de canton, 3, 38, 39, 41. A. III, 5.
MAYER (Hans). Mayeur (Ance, Hance). Ecuyer, lieutenant de Pierre de Hagenbach, châtelain d'Ortemberg, 65, 91, 93, 95, 96, 97, 98.
MAYEUR (Ance). V. *Mayer* (Hans).
Meisengott. Maisongod. Bas-Rhin, arr. de Schelestat, canton de Villé, 63.
MELEUR (Hans). Moleurt (Hance), dit Mignier. Receveur du duc de Bourgogne à Hauenstein, 137, 181.

MERICOSSAT (Hans). Ance. Conseiller de la ville de Laufenbourg, 161.
Mesto. Mestoh. V. *Mettau.*
Mettau. Mesto. Mestoh. Suisse, cant. d'Argovie, est de Laufenbourg, 127, 128, 130, 137, 146, 148.
Mettau (La). Mesto. Rivière de Mettau, 143.
Miltemberg (Montagne de), 37.
Minseln. Missiledem. Grand duché de Bade, nord de Rheinfelden, 166.
Missiledem. V. *Minseln.*
MOLEURT. V. *Meleur.*
MORIMONT (Pierre de), chevalier, 41.
MOYS (Jacoton), secrétaire de la ville de Laufenbourg, 161.
Mytelchlevre. V. *Charles.*

N

Nelloy. V. *Nollingen.*
Neubourg. Seigneurie de Villé, 63.
Noire-Montagne. V. *Forêt Noire.*

Nollingen. Nelloy. Grand duché de Bade, nord-ouest de Rheinfelden, 166.

O

Obstain. V. *Hauenstein?*
OFFENBURG (Henman). Offemburg. A. II, 10.
Ortemberg. Ortemberch. Ortembergh, Bas-Rhin, arr. de Schelestat, cant. de Villé, 1, 2, 33, 57, 61, 63, 65, 67, 71, 73, 76-79, 81, 90-98, 159, 160, 168, 171, 173. A. III, 1, 2, 4, 6, 7.

P

Pêcherie Dessus (La). Pescherie-Dessus, Dessoubz. Portion de la Thur, au territoire de Thann, 32, 35.
PFISTER (Jean). Fistre, dit Fournier. Prévôt de Scherwiller, 95.
Pletresolles. V. *Saint-Pierre-Bois.*
PILLET (Jean), 181.
Plosvillers. Seigneurie de Villé, 63.
POINÇOT (Jean), 181.

POULART (Pierre), secrétaire du duc de Bourgogne, 1.
POURCELOT (Jacques). Porcellot, Conseiller du duc de Bourgogne et maître de ses comptes à Lille, 1. A. III. 1, 2.
Prestebach. V. *Breitenbach.*
Prux. V. *Bruche.*

Q

Quainstain. Questain. Questainz. Questal. V. *Kaisten.*
Qualssemaire (Jardin de), à Laufenbourg, 151.

Quiessembach. Quiessembacq. V. *Kiesenbach.*

R

Ramonchamps. Remonchanx. Vosges, arr. de Remiremont, chef-lieu de cant., 5.
RAMSTEIN (Bernard de). Ramestey, 160, 177.
RAMESTEY (Bernard de). V. *Ramstein.*
Rangen (Montagne de). Ranghe. Com. de Thann et de Vieux-Thann, 37.
Ranghe (Montagne de). V. *Rangen.*
RANSPACH (Jean de). Franchepacq ? 44.
RAY (Jean, seigneur de). A, 1.
REICH de REICHENSTEIN (Jacob). Ricq (Jacol), 99, 161.
REICH de REICHENSTEIN (Pierre). Rich. Ricq (Pietre). Capitaine des possessions du duc de Bourgogne sur le Rhin, en amont de Bâle, 99, 107, 181.
REINACH (Jean-Herard. Hans Erhard de). Reinache. Rochache. Bignaulk. Chevalier, 1, 32, 44. A. III. 1, 6.
Reiniguen. V. *Reiningen.*
Reiningen. Reiniguen. Renniguen. Haut-Rhin, arr. et cant. nord de Mulhouse, 21, 36.
Remonchanx. V. *Ramonchamps.*
Renniguen. V. *Reiningen.*
Reppe. Haut-Rhin, arr. de Belfort, cant. de Fontaine, 37.
Rheinfelden. Rinfel. Rinfeld. Suisse, canton d'Argovie, 57, 99, 100-107, 114, 151, 161-169, 179. A. III, 2.

— 93 —

Rhin (Le). Rin (Le). Fleuve, 1, 32, 43, 83, 87, 99, 104-108, 134, 135, 152, 156, 157, 159, 161, 164, 171, 173, 176, 177, 180. A. III. 1, 2, 4, 5, 6.
RICH. V. *Reich.*
RICQ (Jacot). V. *Reich de Reichenstein (Jacob).*
RICQ (Pietre). V. *Reich de Reichenstein (Pierre).*
RIGNAULK (Jean-Herard de). V *Reinach).*

Rin (Le). V. *Rhin (Le).*
Rinfel. V. *Rheinfelden.*
Rinsolles (La). Rivière, 113.
Roddestey. V. *Rothenstein.*
Roichebach. V. *Roschbach.*
Roschbach. Seigneurie de Villé, 63.
Rosemont. Haut-Rhin, arr. de Belfort, cant. de Giromagny, com. de Riervescemont, 178. A. III, 3.
ROTHENSTEIN (Henri de). Roddestey, Châtelain de Thann (1367), 171.

S

Saales. Salles. Vosges, arr. de Saint-Dié, chef-lieu de canton, 63, 75.
Sæckingen. Sechinguen. Secquinguen. Grand duché de Bade, sur le Rhin, en amont de Rheinfelden, 99, 107, 128.
Saint-Blaise. Sant Blàsien. Grand duché de Bade, Forêt Noire, sur l'Alb, nord de Hauenstein. A. II, 11.
Sant-Blàsien. V. *Saint-Blaise.*
Saint-Martin. Bas-Rhin, arr. de Schelestat, cant. de Villé, 63.
Saint-Pierre-Bois ou Petersholz. Pietresolles. Bas-Rhin, arr. de Schelestat, cant. de Villé, 63.
Salcé (La). Sallecey. Vosges, arr. de Saint-Dié, cant. de Saales, com. de Ranrupt, 63.
Sallecey. V. *Salcé (La).*
Salles. V. *Saales.*
SCAGHE (Jean), commis au recouvrement des deniers du duc en Bourgogne, 4. A. III, 1.
Scahlt. V. *Steige.*
Scanpach. V. *Stampoumont.*
SCAT (Hans). Hance, 135.
Schelestat. Scorista. Bas-Rhin, chef-lieu d'arr., 83.
Scherwiller. Chiérvile. Chiérville. Bas-Rhin, arr. de Schelestat, cant. de Villé, 63, 96, 98.
Schevannes. V. *Chesannes.*
Schönau. Schönow. Grand duché de Bade, Forêt-Noire, sur la Wiese, nord de Rheinfelden. A. II, 2, 4.
SCHÖNENBERG (Marquard de). Schonneberg (March de). Ecuyer, receveur de Rheinfelden, 162, 179.
SCHONNEBERG. Schonnenberg. (March de). V. *Schönenberg (Marquard de).*
Schönow. V. *Schönau.*
Schwaderloch. Chevateloch. Souastrelan. Suisse, cant. d'Argovie, sur le Rhin, nord-est de Hauenstein, 132, 138.
Schwartzwald. V. *Forêt-Noire.*
Scorista. V. *Schelestat.*
Sechinguen. V. *Sæckingen.*
Secquinguen. V. *Sæckingen.*
Seyniguen. V. *Zeiningen.*
SINGLET (Jacot). Conseiller de la ville de Laufenbourg, 161.
Sisseln (La). Zisselle (La). Zisselles (La). Affluent de la rive gauche du Rhin au Val de Frick. Suisse, cant. d'Argovie, 106, 111.
SNEITTER (Hans). A. II, 11.
SNEITTER (Wetzel), grand bailli de la Forêt Noire. A. II, 5, 13.
Souastrelan. V. *Schwaderloch.*
Souabe. Souave, 176.
Souave. V. *Souabe.*
Soulfels (La). Rivière du val de Sulz. Suisse, cant. d'Argovie, sud-est de Laufenbourg, 113.
Soulses. V. *Sulz.*

SPICHICALE (Claux). Conseiller de la ville de Laufenbourg, 161.
Stampoumont. Scanpach. Vosges, arr. de Saint-Dié, cant. de Saales, com. de Ranrupt, 63.
STAUFEN (Burckhart de). Stouffen. Damoiseau. A, II, 10.
Steige. Scahit. Bas-Rhin, arr. de Schelestat, cant. de Villé, 65.

STOUFFEN (Burckhart de) V. *Staufen*.
Strasbourg. Estrabourg. Extrabourg. Alsace, 67, 81, 175, 176.
Suich. V. *Suisse*.
Suisse. Suich. Suyz, 123, 164.
Suisses (Les), 4, 115.
Sulz. Soulses. Suisse, cant. d'Argovie, sud-est de Laufenbourg, 139.
Suyz. V. *Suisse*.

T

TACHSFELDEN (Pierre de). V. *Tavannes*.
Tanne. V. *Thann*.
Taugrolfel. V. *Degerfelden*.
TAVANNES (Pierre de). Tachsfelden. A. II, 10.
Thann. Tanne. Haut-Rhin, arr. de Belfort, chef-lieu de cant., 1-8, 13, 17, 18, 21-23, 25-34, 36-38, 40-42, 44, 45, 48-51, 63, 159, 168, 171, 172. A. III, 1, 2, 4, 6.

THIERSTEIN (Walraf le jeune, comte de). Tyestain (Valeran le jeune, comte de). A, 1.
Totnöw. V. *Todtnau*. Grand duché de Bade, Forêt-Noire, sur la Wiese, nord-est de Schönau. A. II, 11.
Treffetal. V. *Dieffenthal*.
Trestach. V. *Triembach*.
Triembach. Trestach. Bas-Rhin, arr. de Schelestat, cant. de Villé, 63.
TYESTAIN. V. *Thierstein*.

U

Urbeis. Urbeiz. Bas-Rhin, arr. de Schelestat, cant. de Villé, 65.

V

Valenciennes. Nord, chef-l. d'arr., 1.
Vassan (Porte de) à Laufenbourg, sur le grand chemin de Rheinfelden, 131.
Vieux-Pont (Le). Viez-Pont (Le). Lieudit de la seigneurie de Laufenbourg, 149.

Vignes (Jardin des). Lebgort, ecm. de Thann, 37.
Villé ou Weiller. Villers. Bas-Rhin, arr. de Schelestat, chef-lieu de cant., 65, 66, 69, 73, 74, 90, 93, 96, 98.

W

Walchoust. Walchaust. Wallechoust. V. *Waldshut*.
Wald. V. *Forêt-Noire*.
WALDENAIRE (Herman). V. *Waldener (Herman)*.
WALDENER (Herman). Waldenaire (Herman), Chevalier, conseiller du duc de Bourgogne, 172-175.
Waldshut. Walchoust. Walchaust. Wallechoust. Waltzhüt. Grand duché de Bade, sur le Rhin, en amont de Hauenstein, 99, 153, 156. A. II, 11.

— 95 —

Waltzhüt. V. Waldshut.
Waseberch. V. *Bassenberg*.
WATEVILLE (Rodof de). V. Wattwiller (Rodolphe de).

WATTWILLER (Rodolphe de). Wateville (Rodof de). Capitaine et châtelain d'Ensisheim, 171.

Z

Zeiningen. Seyniguen. Suisse, cant. d'Argovie, sud-est de Rheinfelden, 166.

Ziestre (La). Rivière, 21.
Zisselle (La). V. Sisseln (La).

www.ingramcontent.com/pod-product-compliance
Lightning Source LLC
Chambersburg PA
CBHW070304100426
42743CB00011B/2342